U0889044

武林旧事

古人的繁华人间

精选本

[南宋] 周密◎著

黄军凡◎绘

江西美术出版社
全国百佳图书出版单位

出版说明

中国，作为世界上唯一一个文明传统未曾中断过的国家，经历了多个历史朝代，缔造了无数举世瞩目的成就。中华民族更是个伟大而富有智慧的民族，创造了繁华的贸易经商环境、宜养宜居的生活环境、极富创造力的思想环境，这些都为中华文明的流传繁盛厚植了土壤。

本丛书的出版是基于我社关于“古人”产品线的延伸，是继《古人的雅致生活》（10册）、《古人的奇幻世界》（4册）后的第三个系列产品，旨在扩大对古人世界宽度、广度、深度的挖掘。原有系列产品的内容已大致覆盖了关于古人生活方式、思想方式的理解，本丛书则从古人的社会生活角度来进行甄选，从古代节日、风俗、游玩景点、山川气候、城市风貌、社会逸闻等方面来进行展示，全方位讲述古人的有趣生活。

当前我们挑选的底本涉及汉、唐、北宋、南宋、明5个历史时期，具体地区包括西汉首都长安（今西安）、北宋首都东京汴梁（今开封）、南宋都城临安（今杭州）、唐代皇宫和明代江浙等地区。书中涉及地区广泛，且朝代不同，社会风貌有天壤之别，展现的故事见闻有趣，令人欣喜，希望读者翻开本丛书，能跟随原著脚步，走遍故土山河，感受不一样的时代魅力。

丛书所选文本都是权威经典著作（因版面有限，部分篇目做了删节），不仅是专家学者研究古代社会生活的重要历史文献，更是反映当时民风时尚、经济状况和城市生活的真实写照。丛书的作者不仅有文学家、史学家，而且所写内容以作者亲身经历为主，文笔轻松，为我们展现的是活生生的生活侧影，也包含着作者对过往生活经历的无限眷恋。丛书仍以原文与译文对照阅读、精美配画辅助理解为主，适当改变了排版风格，使之更适合当代读者的阅读习惯，同时配画力求反映原文之大意，以图释文，兼具欣赏与实用性。

策划本丛书，旨在重塑古代经典著作，向大众读者介绍中华传统文化中的精华内容。我们希望这些在古代也曾是大众读物的内容，不再只被有古汉语文学功底的读者熟悉，让更多读者看见、接受，拉近现代读者与古代经典著作的距离，打破大众读者对古代传统著作的刻板印象。所以，我们将古代经典著作以更现代、更贴近大众的方式呈现给读者，这也是我们在传承中华优秀传统文化上做出的一点小小尝试。

由于时间相对匆促，书中难免存在遗憾和不足，敬请广大读者批评指正！

编者

2021年11月

序

乾道、淳熙间，三朝授受，两宫奉亲，古昔所无。一时声名文物之盛，号“小元祐”。丰亨豫大，至宝祐、景定，则几于政、宣矣。予曩于故家遗老得其梗概，及客修门，闲闻退珰老监谈先朝旧事，辄耳谛听，如小儿观优，终日夕不少倦。既而曳裾贵邸，耳目益广，朝歌暮嬉，酣玩岁月，意谓人生正复若此，初不省承平乐事为难遇也。及时移物换，忧患飘零，追想昔游，殆如梦寐，而感慨系之矣。岁时檀栾，酒酣耳热，时为小儿女戏道一二，未必不反以为夸言欺我也。每欲萃为一编，如吕荥阳《杂记》而加详，孟元老《梦华》而近雅，病忘慵惰，未能成书。世故纷来，惧终于不暇纪载，因摭大概，杂然书之。青灯永夜，时一展卷，恍然类昨日事，而一时朋游沦落，如晨星霜叶，而余亦老矣。噫！盛衰无常，年运既往，后之览者，能不兴忾我寤叹之悲乎！四水潜夫书。

序（译文）

乾道、淳熙年间，出现了高宗、孝宗两次禅位，两位上皇又得到了很好的赡养，此事，古今难得一见。一时之间，声教文明、典章制度皆因此盛起，这一时期有“小元祐”之称。此时，国家富饶安乐，到了宝祐、景定年间，已经与政宣时期有一定差距了。我早年从家族长辈处听闻当年盛景之一二，等到有退休的宦官和老监来门下做客时，我更是对他们谈论先朝旧事格外留心，每每专心聆听，如孩童看戏，终日不知疲倦。后来我在贵处淹留为客，探听到的旧事更多了，那时整日赏歌作乐或放荡嬉游，酣玩度日，当时觉得人生正当如此度过，而不知太平盛世并不常在。时过境迁，等到我身处忧患飘零之中，忆及往日安乐之游，已如梦矣，不能不让人感慨叹息。正值竹子秀美的时节，半醉之时，往日生活让人神醉，同家中小儿女戏言一二，他们都认为那是别人编来骗我的。每每欲将昔日见闻整理编写成册，要做得比吕荥阳的《吕氏杂记》更详细，比孟元老的《东京梦华录》更雅致。可奈何我怠惰才疏，一直没能写成。今年，俗事杂务纷沓而来，我忧惧因忙于杂事终不能记，便择其大概，细碎地写下来。漫漫长夜就着青灯，展开来读，那些旧事恍若昨日。现今同游之友已如晨星霜叶一般四下飘零，不复相见，而我亦垂垂老矣。噫！盛衰之事无常，当年岁月已逝，后世读此书的人，定会为了我的叹息而叹息！四水潜夫书。

目录

卷壹

卷贰

卷叁

卷肆

卷伍

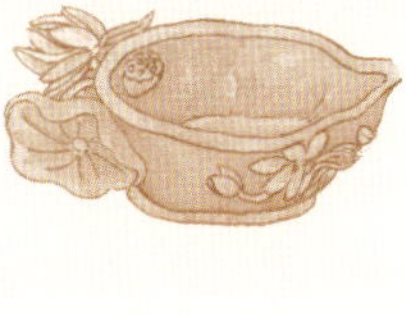

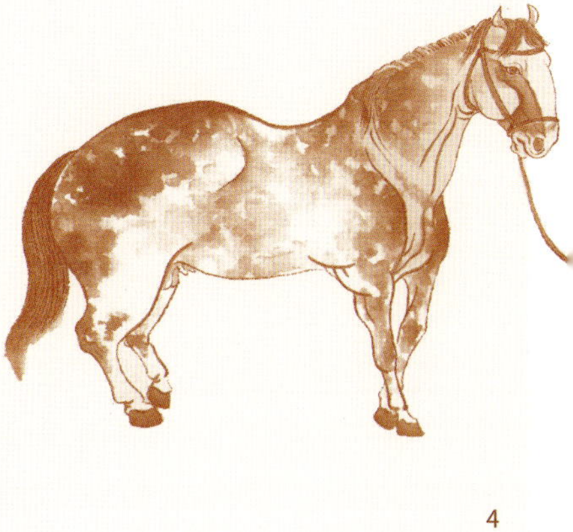

卷壹

庆寿册宝

·原文·

寿皇圣孝，冠绝古今，承颜两宫，以天下养。一时盛事，莫大于庆寿之典。今摭录大略于此。

淳熙三年，光尧圣寿七十，预于旧岁冬至加上两宫尊号，立春日行庆寿礼。至十三年，太上八十，正月元日再举庆典。其日，文武百僚集大庆殿，各服朝服，用法驾五百三十四人，大乐四十八架，正乐一百八十八人，及列仪仗、鼓吹于殿门外。上服通天冠、绛纱袍，执大圭，恭行册宝之礼。鼓吹振作，礼仪使已下皆导从，上乘辇从至德寿宫，俟太上升御座，宫架乐作，皇帝北向再拜，奏起居，致词曰："臣某稽首言，伏惟（圣号）太上皇帝陛下寿同

·译文·

宋孝宗赵昚的圣明孝顺远远超过古今君王，他举天下之力侍奉太上皇赵构与吴太后。一时盛事，莫过于庆祝寿辰的典礼，现在此摘录一些。

淳熙三年（1176），宋高宗七十大寿，预定于旧岁冬至那日加封两宫尊号，于立春日行庆寿礼。到淳熙十三年，宋高宗八十大寿，正月初一再次举行庆典。那天，文武百官汇集在大庆殿，所有官员都穿着朝服，用护驾卫士五百三十四人，大乐四十八架，正乐一百八十八人，在殿门外排列仪仗，击鼓奏乐。皇帝头戴通天冠，身着绛纱袍，手执大圭，恭敬地举行册宝礼仪。击鼓奏乐开始后，礼仪使以下都导引随从，皇帝乘辇车到德寿宫，待太上皇入御座，宫架乐响起，皇帝向北伏拜两次，奏报日常生活，致

·原文·

天永，德与日新，典册扬徽，华夷赖庆。”左相宣答曰：“圣号太上皇帝圣旨，皇帝迎阳展采，镂牒荣亲，何幸吾身，屡观盛事。”次皇太子以下称贺致词，宣答讫，并再拜，舞蹈。礼毕，次诣太上皇后殿，行礼如前。候解严讫，皇帝入宫进奉礼物，行家人礼，御宴极欢。自皇帝以至群臣禁卫吏卒，往来皆簪花。后三日，百官拜表称贺于文德殿。四方万姓，不远千里，快睹盛事。都民垂白之老，喜极有至泣下者。杨诚斋诗云：“长乐宫前望翠华，玉皇来贺太皇家。青天白日仍飞雪，错认东风转柳花。”“春色何须羯鼓催，君王元日领春回。牡丹芍药蔷薇朵，都

·译文·

辞说：“臣某稽首言，时时想到（圣号）太上皇帝陛下寿同天长，德与日新，典册颂扬您的伟业，华夷共同欢庆。”左丞相宣读致辞，说：“（圣号）太上皇帝圣旨，皇帝登基以来，敬天治民，功绩可载入史册，让父皇感到十分光荣，我能屡观盛事，何其幸运啊！”接着是皇太子以下称贺致辞，左丞相宣读制词后，再次行跪拜礼，并表演舞蹈。礼仪结束，接着到太上皇后殿，就像前面一样行礼。待解散警戒状态后，皇帝入宫进奉礼物，行家人礼，在宴席上太上皇十分欢喜。从皇帝到群臣禁卫吏卒，往来都要头戴簪花。后三天，文武百官在文德殿拜表称贺，四面八方数万名百姓都不远千里赶来，一睹这盛大喜事。京都百姓中满头白发的老者，有喜极而泣

向千官帽上开。”任斯庵诗云：“金爵觚棱晓日开，三朝喜气一时回。圣人先御红鸾扇，天子龙舆万骑来。”“霜晓君王出问安，宝香随辇护朝寒。五云深处三宫宴，九奏声中二圣欢。”

下的。杨万里有诗说：“长乐宫前望翠华，玉皇来贺太皇家。青天白日仍飞雪，错认东风转柳花。”“春色何须羯鼓催，君王元日领春回。牡丹芍药蔷薇朵，都向千官帽上开。”任斯庵（希夷）有诗说：“金爵觚棱晓日开，三朝喜气一时回。圣人先御红鸾扇，天子龙舆万骑来。”“霜晓君王出问安，宝香随辇护朝寒。五云深处三宫宴，九奏声中二圣欢。”

四孟驾出

·原文·

先期禁卫所阁门牒临安府约束居民，不许登高及袒裼观看。男子并令衫带，妇人裙背。仍先一日封闭楼门，取责知委，不许容著来历不明之人。殿步三司分拨统制将官军兵六千二百人摆齪诸巷（大礼则倍此数）。至日五鼓，地分头项沿门驱逐杂人外，仪卫节次如后：

地分约拦，诸厢约拦，缉捕使臣、都辖官约拦；军器库从物，内藏库从物，御酒库从物，御厨从物，祗候库从物；骐骥院御马（两行），御药院药架；引从舍人（两行），诸司库务官（两行），搜视行宫司，行宫殿门，控拢亲从（二百十五人），前驱亲从（两行各二十一人），赞喝舍人（两行各八人），天武（两行各八人居外），都

·译文·

（农历每季第一个月称孟，孟春、孟夏、孟秋、孟冬，合称四孟。）皇上在四孟外出前，禁卫所的阁门使下通牒令临安府管制居民，不许登高及坦衣露体观看。男子都需着衫带，妇人则是裙形褙子装束。照例在前一天封闭楼门，所有往来的人都需要接受审问知晓来由，来历不明的人不许入内。殿步三司，分拨统制将官军兵六千二百人在各巷口戒严（庄严隆重的礼仪则比这多几倍数）。到这天的五更时分，参与缉捕盗贼的地方人员分头沿着门巷驱逐闲杂人等，仪卫人员按次第跟随在后：

地分约拦（客席周围维持秩序的人），诸厢约拦，缉捕使臣、都辖官约拦；军器库从物（随从物资），内藏库从物，御酒库从物，御厨从物，祗候库从物；骐骥院御马（两

行），御药院药架；引从舍人（两行），诸司库务官（两行），搜视行宫司，行宫殿门，控拢亲从（二百十五人），前驱亲从（两行各二十一人），赞喝舍人（两行各八人），天武（两行各八人居外），都下亲从（两行各八人居内），驾头（阁门祗候乘骑捧驾），引驾主首（两行各五人），阁门提点（两行），御史台知班（两行），尚书省录事，密院副承旨；珠子御座，御马院马（喝砦座御），阁门簿书（两行），宣赞舍人（两行），茶酒班，环卫官，带御器械，

下亲从（两行各八人居内），驾头（阁门祗候乘骑捧驾），引驾主首（两行各五人），阁门提点（两行），御史台知班（两行），尚书省录事，密院副承旨；珠子御座，御马院马（喝咎座御），阁门簿书（两行），宣赞舍人（两行），茶酒班，环卫官，带御器械，拦前等；辇官人员，逍遥辇（辇官十六人），御辇院官，阁门承受（两行），御燎子头笼，翰林司官；御丝鞋所，御服所，御座马（两行十四），马院总管，御军器库，睿思殿库，阁门库；阁门觉察官（两行），长入祗候（两行各二十六人），茶酒班殿侍（各二十一人），快行亲从（各三十二人），击鞭（两行各七人），殿前指挥使（两

拦前等；辇官人员，逍遥辇（辇官十六人），御辇院官，阁门承受（两行），御燎子头笼，翰林司官；御丝鞋所，御服所，御座马（两行十四），马院总管，御军器库，睿思殿库，阁门库；阁门觉察官（两行），长入祗候（两行各二十六人），茶酒班殿侍（各二十一人），快行亲从（各三十二人），击鞭（两行各七人），殿前指挥使（两行各二十一人居外），茶酒班殿侍（两行各六人执从物居内），编排禁卫行子（三十人于内往来编排），等子人员十将（两行各四人居外），御龙直（共八十二人执从物居内），阁知门事（乘马行围子内），步帅（乘马行围子内），亲从方围子（两行各一百四十人），围子两边各四重：第一重（内殿直已下两边各一百人）、第二重（崇政殿围子两边各一百人）、第三重（御龙直两边各

行各二十一人居外），茶酒班殿侍（两行各六人执从物居内），编排禁卫行子（三十人于内往来编排），等子人员十将（两行各四人居外），御龙直（共八十二人执从物居内），阁知门事（乘马行围子内），步帅（乘马行围子内），亲从方围子（两行各一百四十人），围子两边各四重：第一重（内殿直已下两边各一百人）、第二重（崇政殿围子两边各一百人）、第三重（御龙直两边各一百人）、第四重（崇政殿围子两边各一百人），水手并觑捕等子（两边各五人），拦前崇政殿亲从（十七人），殿帅（乘骑行围子内中道），主管禁军所（内官）等子（两边各二十五人居外），中道（第二日并恭谢。教坊

乐人迎驾，念致语口号等，并教坊乐部于此排立），快行亲从（两行各三十人），麾、斧、拂子、水晶骨朵、香球（二人），打烛快行（两行，驾回不用），编排官（二人），执烛笼亲从（两行各七十四人，到众安桥去烛，驾回先行），行门（两行各十二人），当食官，听宣官，辇官人员，平辇（辇官十六人），黄罗御伞（二），黄罗御扇（二），挟辇御药，带插外御带，带插阁下官，阁门觉察舍人，拦后围子，挟辇指挥使（各二十一人），辇后乐（东西两边共三十六人，第一日不作），天

一百人）、第四重（崇政殿围子两边各一百人），水手并觑捕等子（两边各五人），拦前崇政殿亲从（十七人），殿帅（乘骑行围子内中道），主管禁军所（内官）等子（两边各二十五人居外），中道（第二日一并恭谢。教坊乐人迎接皇上，念致辞、口号等，教坊乐部在这排列站立），快行亲从（两行各三十人），麾、斧、拂子、水晶骨朵、香球（二人），打烛快行（两行，驾回不用），编排官（二人），执烛笼亲从（两行，各七十四人，到众安桥灭掉蜡烛，皇帝车驾返回先行），行门（两行各十二人），当食官，听宣官，辇官人员，平辇（辇官十六人），黄罗御伞（二），黄罗御扇（二），挟辇御药，带插外御带，带插阁下官，阁门觉察舍人，拦后围子，挟辇指挥使（各二十一人），辇后乐（东西两边共三十六人，

武（两行各八人居外），都下亲从（两行各八人），扇筤，挟辇内殿直（各二十二人），宰臣，使相，执政，宰执后约拦亲从（二十二人），从驾臣僚分东西两班（东班系尚书侍郎两制等官，西班系正位宗室遥郡），閤门觉察宣赞舍人，侍从后约拦亲从（各二十二人）。

车驾所经，诸司百官皆结彩门迎驾起居。俟驾头将至，知班行门喝“班到排立”；次喝“躬身拜，再拜”；（驾回不拜，值雨免拜。）班首奏圣躬万福，喝唱直身立。（巡巷军兵则呼“万岁”！）

第一日不作），天武（两行各八人居外），都下亲从（两行各八人），扇筤，挟辇内殿直（各二十二人），宰臣，使相，执政，宰执后约拦亲从（二十二人），从驾臣僚分东西两班（东班是尚书侍郎两制等官员，西班是正位宗室遥郡），閤门觉察宣赞舍人，侍从后约拦亲从（各二十二人）。

皇上乘坐的车驾所经过的地方，诸司百官都张灯结彩在门前迎接皇上行起居礼。待皇上快要到来时，知班行门吆喝“班到排立”；接着吆喝“躬身拜，再拜”；（皇上乘坐的车驾返回的时候不拜，如下雨则免拜。）领班的人奏圣躬万福，喝唱直身立。（在街巷戒严的军兵则呼“万岁”！）

圣节（节选）

·原文·

其日，候宰执奏事讫，追班，上坐垂拱殿，先引枢密院并管军官上寿，（东京分为二日，今只并为一日。）礼毕，再坐紫宸殿。上公以下分立，候奏班齐，上公诣御茶床前，躬进御酒，跪致词云：“文武百僚臣（某）等稽首言：‘天基令节，（圣节名逐朝换。）臣等不胜大庆，谨上千万岁寿。’”下殿再拜。枢密宣答云：“得公等寿酒，与公等内外同庆。”又再拜。教坊乐作，接盏讫，跪起，舞蹈如仪。阁门官再喝：“不该赴坐官先退。”枢密喝：“群臣升殿。”阁门分引上公以下合赴坐官升殿。第一盏宣视盏，送御酒，歌板色唱《祝尧龄》，赐百官酒，觱篥起舞《三台》，（后并准此。）供进肉咸豉。第二盏赐御酒，歌板起中腔，供

·译文·

圣节（皇帝生日）这天，等宰相等重臣奏事结束，朝廷文武百官按位次排列拜谒皇上，皇上就坐在垂拱殿中，最先是引导枢密院并管军官向皇上祝寿，（以前东京分为两天进行，现在并为一天。）这个礼仪结束后，皇上前往紫宸殿。上公（太傅等）以下官员分别站立，候奏班齐，上公到御茶床前，弯腰恭进御酒，跪坐着向皇上致辞：“文武百官臣（某）等稽首：‘天基令节（圣节的名字每朝都更换），臣等非常庆幸，谨祝皇上福寿绵延有千万岁。’”上公下殿之后再次行跪拜礼。枢密院宣答说：“皇上得到上公等进献的祝寿酒，与诸公同庆。”上公等以下官员又再次行跪拜礼，此时教坊音乐响起，上公等以下官员接过酒盏后，下跪起身，仪仗队的舞蹈开始表演。阁门官再次

进杂爆。第三盏歌板唱踏歌，供进肉鲊，候内官起茶床，枢密跪奏，礼毕。群臣降阶，舞蹈拜退。

此上寿仪大略也。若锡宴节次，大率如《梦华》所载，兹不赘书。今偶得理宗朝禁中寿筵乐次，因列于次，庶可想见承平之盛观也。

吆喝："不该赴坐的官员，请先行退下。"枢密院吆喝道："请各位官员升殿。"阁门官分别引导上公以下官员与赴坐官一同升殿。第一盏是宣视盏，恭送御酒，歌板色唱《祝尧龄》，赏赐百官酒食，觱篥响起，跳《三台》曲舞，（以后都以此为准。）供进熟的咸肉。第二盏是赏赐御酒，歌板起用中腔，供进杂爆。第三盏歌板唱踏歌，供进肉鲊，待皇上近臣从茶床起身，枢密院跪坐奏礼结束。所有的官员下台阶，跳舞的人也拜退。

这是给皇上祝寿礼仪的概况。至于皇上赏赐宴席的礼节次第，大概如《东京梦华录》所记载的一样，这里就不再赘述了。今偶得宋理宗朝宫廷的寿筵乐次，因而罗列于此，或许可想见天下长久太平无事时的盛况。

卷贰

御教

· 原文 ·

寿皇留意武事，在位凡五大阅。（乾道二年、四年、六年，淳熙四年、十年。）或幸白石，或幸茅滩，或幸龙山。一时仪文士马、戈甲旌旗之盛，虽各不同，今撮其要，以著于此。

先一日，诸军人马全装执色于教场东，布列军幕宿营。至日，殿前马步诸军先赴教场下方营，并亲随军排列将坛之后。质明，三衙管军官并全装从驾。上自祥曦殿戎服乘马，太子、亲王、宰执、近臣并戎服乘骑，以从护圣。马军八百骑，分执枪旗弓矢军器，前后奏随军番部大乐等。（详见后“御教仪卫次第”。）驾入教场，升幄殿。殿帅执挝，躬奏：“诸司人马排齐。”举黄旗招诸军向御殿敲梆子，

· 译文 ·

宋孝宗十分注重军事，在位期间一共举行了五次大型阅兵。（乾道二年、四年、六年，淳熙四年、十年。）或亲临白石，或亲临茅滩，或亲临龙山。阅兵时，军队的礼仪形式、军士车马、兵器铠甲旌旗均十分隆重，虽然每次盛况都不相同，现在简要将其主要的情形记录下来。

阅兵的前一日，军队人马全副武装，布置好仪仗器物，在教场东集合，设置好行军宿营的帐幕。到了阅兵的这天，殿前步兵马兵等军队先奔赴教场驻扎，皇帝的亲随军也一同前去，在将坛后方列队。到天刚亮的时候，三衙管军官一并全服盔甲随从圣驾。皇帝着战甲骑马从祥曦殿出发，太子、亲王、宰执、近臣也着战甲骑马，跟随保卫圣驾。马兵八百人，皆执枪旗弓箭等兵器，队伍的前后吹奏随军

一鼓唱喏，一鼓呼“万岁”，再一鼓又呼“万岁”，叠鼓呼“万万岁”，又一鼓唱喏。殿帅奏取圣旨，鸣角发严。上御金装甲胄，登将坛幄殿，鸣角戒严。殿帅奏取圣旨，马步军整队成屯，以备教战。连三鼓，马军上马，步军起旗枪，

番部大乐等。（详见后文“御教仪卫次第”。）待皇帝进入教场后，登上用布幔张设的宫殿。殿帅手执马鞭，躬身上奏：“诸司人马排齐。”然后举黄旗，召集所有军队，向御殿敲梆子，鸣一次鼓所有军队唱喏，鸣一次鼓诸军高呼“万岁”，再一次鸣鼓所有军队又高呼“万岁”，再多次鸣鼓所有军队高呼“万万岁”，又一次鸣鼓所有军队唱喏。殿帅奏取圣旨，吹奏号角，众军士严阵以待。皇帝身着金铠甲，登上将坛，吹奏号角，全军戒备。殿帅再次奏取圣旨，步兵马兵整顿队列成防守之势，准备按照演习训练进行作战。连续鸣鼓三遍，马兵上马，步兵扛起旗枪，分列东西两方，形成应敌之势。殿帅举起白旗演练方形阵列，举黄旗变成圆形，举黑旗变成曲阵，举青旗变成直阵，举红旗变成锐阵，

分东西为应敌之势。举白旗教方阵，黄旗变圆阵，皂旗变曲阵，青旗变直阵，绯旗变锐阵，绯心皂旗作长蛇阵，绯心青旗作伏虎阵。殿帅奏取圣旨，两阵各遣勇将挑战，变八圆阵。叠鼓举旗，左马军战右步军，右马军战左步军。再叠鼓交旗，击刺混战。三叠金分阵大势，马军四面大战。三叠金分阵。殿帅奏教阵讫，取旨人马摆列，当头鸣角簇队，以候放教。诸军呈大刀车炮烟枪诸色武艺。御前传宣，抚谕将士，射生官进献獐鹿。上更戎服，赐宰臣以下对御酒五行，殿帅奏取旨谢恩如前，唱喏讫，驾出教场。是日，太上皇于都亭驿设帟幄以观。驾至，

举红心黑旗变成长蛇阵，举红心青旗变成伏虎阵。殿帅奏取圣旨，两阵各派遣勇将挑战，变八圆阵。快速地击鼓举起旗帜，左边阵营的马军进攻右侧阵营的步兵，然后右侧阵营的马军进攻左侧阵营的步兵。再一次快速击鼓，交叉挥舞旗帜，双方以矛戈相攻进入混战。敲锣三遍，双方呈分阵之势，马军在四面作战。又敲锣三遍，双方阵列分开。殿帅奏请阵列演练结束，领取人马整队的旨意后，当头鸣角收队，等待结束演习的指令。各兵种呈现大刀、车、炮、烟、枪等各类武艺。御前传令宣召，安抚、嘉奖将士，射生官进献獐鹿。皇帝更换戎服，赏赐宰臣以下的官员，并与他们对饮御酒五次。殿帅与之

邀上入幄，宣唤管军官，赐大金碗酒于帘外。都人赞叹，以为盛观。时殿司旗帜以黄，马司以绯，步司以白。以道路隘促，止用从驾军一万四千二百人，分为二百四十八小队。戈甲耀日，旌旗蔽天，连亘二十余里，粲如锦绣。都人纵观，以为前所未有。凡支犒金银钱帛以巨万计，悉出内库，户部不与焉。

前一样奏取圣旨谢恩，唱喏完毕，圣驾出教场。这一日，太上皇在都亭驿设帐幕观看演兵。皇帝到都亭驿时，太上皇邀他入帐幕，宣唤管军官，在帐幕外赐给他大金碗酒。都城人皆赞叹，认为壮观。那时殿司的旗帜是黄色，马司是红色，步司是白色。因为道路狭窄，跟随圣驾的军队为一万四千二百人，分成二百四十八个小队。铠甲反射阳光，闪着耀眼的光芒，旌旗翻飞，几乎遮天蔽日，此景象绵延二十余里，华美得像锦缎一样。都城人见此盛景，都认为这是前所未有的。演习总共支出的犒劳将士的金银钱帛数量非常庞大，这些银钱都出自内库，而非户部。

御教仪卫次第

原文

文物仪卫并同四孟驾出，今止添入后项。

弹压前队侍立使臣都辖：执黄团龙旗使臣，执绣龙旗使臣，带弓箭、汗胯、豹尾使臣四员，带汗胯、员琦剑使臣十员。弹压后队侍立使臣都辖：黄罗戏珠龙旗，黄绣龙旗二，豹尾使臣四，员琦剑使臣十人。供进马四匹，带甲御马，御前金装甲马，管押使臣幕士，内中正供马，兽医押槽，黄绣龙传宣旗二，小龙传宣旗十，随逐巡视官，马院禁卫官，引马监官二员，供马监官二员，圣驾供鞭通管二员，掇梢提辖二员，日乌独脚旗，挟驾指挥使四十二人，销金龙旗二，犀皮御座椅，钤、锤、刀子（左），匙、箸、刀子（右），青毡御笠，褐毡御笠，金凤瓶，丝鞋箧子，

译文

车辆服饰旌旗仪仗卫队等与四孟时期皇上外出一样，现在只是添加后项。

弹压前队侍立使臣都辖：执黄团龙旗使臣，执绣龙旗使臣，带弓箭、汗胯、四员豹尾使臣，带汗胯、十员员琦剑使臣。弹压后队侍立使臣都辖：一面黄罗戏珠龙旗，两面黄绣龙旗，四员豹尾使臣，十员员琦剑使臣。四匹供进马，一匹带甲御马，一匹御前金装甲马，一员管押使臣幕士，一匹内中正供马，一个兽医押槽，两面黄绣龙传宣旗，十面小龙传宣旗，一员随逐巡视官，一员马院禁卫官，两员引马监官，两员供马监官，二员圣驾供鞭通管，两员掇梢提辖，一面日乌独脚旗，四十二位挟驾指挥使，两面销金龙旗，犀皮御座椅，钤、锤、刀子（左），匙、箸（筷子）、刀子（右），青毡御笠，褐毡御笠，金凤瓶，丝鞋箧子，御膳箧

御膳筐子，玉靶于阗刀，金洗漱，皂白御靴，马脑于阗刀，水晶于阗刀，通犀于阗刀，角靶于阗刀，酒鳖子（大、小），白豹皮杖楂，梳刷马盂袋，黑漆套盘，圭木套盘，白虎皮杖楂，销金弓箭葫芦，虎豹皮弓箭袋葫芦，饮水角，拍板二，哨笛四，番鼓二十四人，弹压乐器使臣，管押训练官，杏黄龙旗二，爵纛二，札子九，大鼓十，龙笛四，从驾官宰臣以下（并如常日），临安府弹压官属。

子，玉靶于阗刀，金洗漱，皂白御靴，马脑于阗刀，水晶于阗刀，通犀于阗刀，角靶于阗刀，酒鳖子（大、小），白豹皮杖楂，梳刷马盂袋，黑漆套盘，圭木套盘，白虎皮杖楂，销金弓箭葫芦，虎豹皮弓箭袋葫芦，饮水角，两块拍板，四支哨笛，二十四人击番鼓，一员弹压乐器使臣，一员管押训练官，两面杏黄龙旗，两把爵纛，九把札子，十面大鼓，四支龙笛，从驾官宰臣以下（一并和平常一样），均是临安府弹压官及其下属。

燕射

·原文·

淳熙元年九月，孝宗幸玉津园讲燕射礼，皇太子、宰执、使相、侍从、正任皆从。辇至殿门外少驻，教坊进念致语、口号，作乐，出丽正门，由嘉会门至玉津园，赐宴酒三行。上服头巾窄衣，束带丝鞋，临轩内。侍御带进弓箭，看箭人喝："看御箭。"教坊乐作，射垛。前排立招箭班应喏。皇帝第二箭射中，皇太子已下各再拜称贺，进御酒，并宣劝讫。皇太子及臣僚射弓，第四箭射中。上再射第五箭，又中的，传旨不贺。舍人先引皇太子当殿赐窄衣，金束带；次引射中臣僚受赐如前。再进御酒，奏乐，用杂剧。次赐宰臣以下十两银碗各一

·译文·

淳熙元年（1174）九月，孝宗亲临玉津园讲授燕射礼仪，皇太子、宰执、使相、侍从、正任都随圣驾前往。辇车在殿门外稍作停留，教坊过来念致语、口号，奏乐，出了丽正门，从嘉会门到玉津园，赏赐宴酒三次。皇帝戴着头巾，穿上戎装，整饰衣冠，穿着丝绸制的鞋，进入有窗户栏杆的长廊内。侍御带进弓箭，看箭人喝道："看御箭。"教坊开始奏乐，皇帝将箭射向箭靶。招箭班站在前排报靶。皇帝的第二箭射中，皇太子以下各再拜称贺，进献御酒，并宣布皇帝劝勉射箭程序结束。皇太子和臣僚射箭，第四箭射中。皇帝再射第五箭，又射中目标，传旨不用来贺。舍人先带皇太子去换衣服，在

只。上赋七言诗，丞相曾怀已下属和以进。上乘逍遥辇出玉津园，教坊进念口号。至祥曦殿降辇。

招箭班者服紫衣幞头，叉手立于垛前，御箭之来，能以幞头取势转导入的，亦绝技也。

殿内换上皇帝赏赐的便于活动的戎衣，系上金束带；然后再和前面一样，带领射中箭靶的大臣接受皇帝的赏赐。接下来再进献御酒，奏乐，表演杂剧。接着赏赐宰相以下的官员每人一只十两重的银碗。皇帝赋七言诗，丞相曾怀以下写和诗以进呈。皇帝乘逍遥辇出玉津园，教坊进念口号。到祥曦殿时走下辇车。

招箭班的人穿着紫色的衣服，戴着幞头，叉手立于箭垛前，御箭射过来的时候，他们能用幞头顺势将箭导至靶上，这也是一门绝技。

公主下降

·原文·

南渡以来，公主无及嫁者，独理宗朝周汉国公主出降慈明太后侄孙杨镇，礼文颇盛，今摭梗概于此。

先是，择日遣天使宣召驸马至东华门，引见便殿，赐玉带靴笏鞍马及红罗百匹，银器百两，衣着百匹，聘财银一万两。对御赐筵五盏，用教坊乐。候毕，谢恩讫，乘涂金御仙花鞍辔狨座马，执丝鞭，张三檐伞，教坊乐部五十人前引还第，谓之“宣系”。进财物件，并照《国朝会要》太常寺关报有司办造。先一月，宣宰执常服系鞋，诣后殿西廊观看公主房奁：真珠九翚四凤冠，褕翟衣一副，真珠玉佩一副，金革带一条，玉龙冠，绶玉环，

·译文·

南渡以来，公主中没有按时出嫁的，只有理宗朝周汉国公主，她下嫁给慈明太后的侄孙杨镇，礼仪嫁妆颇为繁盛，现在选择主要的部分在这叙述。

首先，挑选吉日派遣天使宣召驸马到东华门，引见于便殿，皇上赏赐给他玉带、靴、笏板、鞍马及红罗百匹，百两银器，百匹衣着，一万两聘财银。皇帝赐宴并与驸马共饮五盏，教坊鼓吹奏乐助兴。而后，驸马谢恩，乘坐涂金御仙花鞍辔狨座马，拿着丝鞭，撑着三檐伞，教坊乐部中的五十人走在前面导引驸马返回府邸，这叫作“宣系”。进献的财物，一并按照《国朝会要》规定，太常寺报告有司来置办。公主出嫁的一个月前，宣唤宰

北珠冠花篦环，七宝冠花篦环，真珠大衣、背子，真珠翠领四时衣服，叠珠嵌宝金器，涂金器，贴金器，出从贴金银装檐等，锦绣销金帐幔、陈设、茵褥、地衣、步障等物。其日驸马常服玉带，乘马至和宁门，易冕服，至东华门，用雁币玉马等行亲迎礼。（用熙宁故事。）公主戴九翚四凤冠服，褕翟纁袖升檐其前。天文官，本位从物从人，烛笼

执官穿日常的服装，系好鞋带，到后殿西廊观看公主的嫁妆：珍珠九翚四凤冠，一副褕翟衣，一副珍珠玉佩，一条金革带，玉龙冠，绶玉环，北珠冠花篦环，七宝冠花篦环，珍珠大衣、褙子，珍珠翠领四时衣服，叠珠嵌宝金器，涂金器，贴金器，出从贴金银装

二十，本位使臣，插钗童子八人，方扇四，圆扇四，引障花十，提灯二十，行障，坐障。皇后亲送，乘九龙檐子。皇太子乘马，围子左右两重。其后太师判宗正寺荣王、荣王夫人及诸命妇至第，赐御筵九盏。筵毕，皇后、太子先还，公主归位，行同牢礼。（用开宝礼。）然后亲行盥馈舅姑之礼。（开宝通礼。）谒见舅姑，用名纸一副，衣一袭，手帕一盒，妆盝藻豆袋银器三百两，衣着五百匹。余亲各有差。三朝，公主、驸马并入内谢恩，宣赐礼物，赐宴禁中。外庭奉表称贺。赐宰执、亲王、侍从、内职、管军副都指挥使已上，金银钱币会子有差。（依熙宁式。）驸马家亲属，各等第推恩。

轿子等，锦绣销金帐幔、陈设、茵褥、地衣、步障等物。大婚之日，驸马穿戴常服玉带，乘马到和宁门，更换冕服，到东华门，用雁与帛币、玉马等行亲迎礼。（沿用熙宁年间的老规矩。）公主头戴九翚四凤冠，身穿浅红色华美衣服，坐上轿子走在前面。天文官，公主家族中的陪嫁物品和随从人员，二十员烛笼，公主家族中的使臣，八名插钗童子，四把方扇，四把圆扇，十员引障花，二十员提灯，行障，坐障。皇后亲自相送，乘坐九龙轿子。皇太子乘马，左右两重围子。其后太师判宗正寺荣王、荣王夫人及各诰命夫人到驸马的府邸，赐御筵九盏。宴席结束，皇后、太子先返回宫中，公主归位，行同牢礼。（用北宋开宝年间制定的婚礼。）然后行盥馈舅姑（公婆）之礼。（开宝年间通行的礼仪。）公主谒见舅姑（公

婆），用一副名纸（名片），一袭衣，一盒手帕，三百两打造成妆奁和藻豆袋的银器以及五百匹衣着作为礼物。剩下的亲属各有礼物，数量不等。新婚后的第三天，公主、驸马一并入宫向皇上谢恩，皇上宣赐给公主、驸马礼物，赏赐宫中宴席。外庭进奉贺表称贺。皇上赏赐给宰执、亲王、侍从、内职、管军副都指挥使以上，金银钱币会子（南宋纸币）数量不等。（依照熙宁年间的方式。）驸马家的亲属，推恩为各个等第。

唱名

·原文·

第一名承事郎，第二名、三名并文林郎。第一甲赐进士及第，第二甲同进士及第，第三甲、第四甲赐进士出身，第五甲同进士出身。武举第一名秉义郎。特奏第一名同进士出身。

上御集英殿，拆号唱进士名，各赐绿襕袍、白简、黄衬衫。武举人赐紫罗袍、镀金带、牙笏。赐状元等三人酒食五盏，余人各赐泡饭。前三名各进谢恩诗一首，皆重戴、绿袍、丝鞭、骏马。快行各持敕黄于前，黄幡杂沓，多至数十百面，各书诗一句于上。呵殿如云，皆平日交游亲旧相迓之人，或三学使令斋臧辈。若执事之人，则系帅漕司差到状元局祗应。亦有术人相士辈，自炫预定魁选，鼓舞于中。自东华门至期集所，豪家贵邸，竞列彩幕纵观，其有少年未有室家者，亦往往于

·译文·

第一名解褐承事郎，第二名、三名都是解褐文林郎。第一甲赐进士及第，第二甲为同进士及第，第三甲、第四甲赐进士出身，第五甲为同进士出身。武举第一名解褐秉义郎。特奏第一名为同进士出身。

皇上会去集英殿，拆号唱进士名，各赏赐绿襕袍、白简、黄衬衫。武举人各赏赐紫罗袍、镀金带、牙笏。赐给状元等三人五盏酒食，剩下的人各赐泡饭。前三名各进献一首谢恩诗，都是重戴、绿袍、丝鞭、骏马。快行客各自拿着皇帝的敕书在身前，黄幡纷繁交杂，多达数十面、上百面，赐官的人各写一句诗在黄幡上。仪卫前呵后殿，喝令行人让道，随行人员如云聚集，都是大家平日里交游、亲旧相迎的人，或是太学、武学、宗学三学的使令和学舍中的仆役等人。至于执事的人，是由帅漕司差到状元局当差。也有占卜、看命相的人，自我炫耀说自己早就算出了科举考试的第一名，在那儿十分振奋。从东华门到新科进士聚会的期集所，

此择婿焉。期集所例置局于礼部贡院，前三人主之，于内遴选所长，以充职事，有纠弹、笺表、主管、题名、小录、掌仪、典客、掌计、掌器、掌膳、掌酒果、监门等。后旬日朝谢。又数日，拜黄甲，叙同年。其仪：三名设褥于堂上，东西相向，四十已上立于东廊，四十已下立于西廊，皆再拜。拜已，择榜中年长者一人，状元拜之；复择少者一人，拜状元。又数日，赴国子监，谒谢先圣先师讫，赐闻喜宴于局中，侍从已上及馆职皆与，知举官押宴，遂立题名石刻。凡费悉出于官及诸阃馈遗云。

豪家贵邸，争相陈列彩幕，尽情观看，其中还没有家室的少年进士，也往往成为女婿备选人。期集所照例在礼部贡院前设置官署，由三个人主持，从中筛选所长，以充职事，有纠弹、笺表、主管、题名、小录、掌仪、典客、掌计、掌器、掌膳、掌酒果、监门等。下旬日朝拜谢恩。过些天又要拜黄甲（甲科进士及第者），与同榜进士叙旧聊天。所用如下：进士前三名在堂上设褥，东西相向，四十以上的在东廊设立，四十以下的在西廊设立，都要再次相互作揖祝贺。作揖祝贺结束，挑选一位进士榜中年纪大的进士，状元向他作揖祝贺。然后从进士榜中挑选一位年纪小的，向状元作揖祝贺。又过些天，进士赶赴国子监，拜谒感谢先圣先师后，在国子监赏赐闻喜宴。侍从以上及国子监里的人员都受赐参加宴席，知举官主持宴会，于是立进士题名石刻。所有的花费都出自官府和各地方军事统帅的馈赠。

元正

· 原文 ·

朝廷元日、冬至，行大朝会。仪则：百官冠冕朝服，备法驾，设黄麾仗三千三百五十人，（视东京已减三之一。）用太常雅乐、宫架、登歌，太子、上公、亲王、宰执并赴紫宸殿立班进酒，上千万岁寿。上公致辞，枢密宣答，次诸国使人及诸州入献朝贺，然后奏乐、进酒、赐宴。此礼不能常行，每岁禁中止是。以三茅钟鸣，驾兴，上服幞头、玉带、靴、袍，先诣福宁殿龙墀及圣堂炷香，（用腊沉脑子。）次至天章阁祖宗神御殿，行酌献礼，次诣东朝奉贺，复回福宁殿，受皇后、太子、皇子、公主、贵妃至郡夫人、内官、大内已下贺。贺毕，驾始过大庆殿，

· 译文 ·

朝廷在元旦、冬至，都要行大朝会。礼仪规定：文武百官穿戴好冠冕朝服，准备好迎接皇上，排好三千三百五十人的黄麾仗队，（跟东京相比已经减了三分之一的规模了。）用太常雅乐、宫架、登歌，太子、上公、亲王、宰执一同赶赴紫宸殿进酒，恭贺皇上长寿千万岁。上公致辞，枢密院宣答。待各国使者及各州入宫进献朝贺，奏乐、进酒、赐宴。这种仪式不会经常举行，宫里每年就这两次。鸣击三茅钟，皇上起身，皇上穿戴着幞头、玉带、靴、袍，先到福宁殿龙墀及圣堂上香（用名叫腊沉的沉香和龙脑香），接着去天章阁祖宗神御殿行酌献礼，接着去东朝奉贺，然后返回福宁殿，接受皇

御史台、阁门分引文武百寮，追班称贺，大起居十六拜，致辞上寿，枢密宣答礼毕，放仗。是日，后苑排办御筵于清燕殿，用插食盘架。午后，修内司排办晚筵于庆瑞殿，用烟火、进市食、赏灯，并如元夕。

后、太子、皇子、公主、贵妃，乃至郡夫人、内官、大内以下人员的朝贺。待朝贺结束后，皇上才去大庆殿，御史台、阁门分别引领文武百官按位次排列向皇上称贺，行大起居礼十六拜，向皇上致辞祝寿，枢密院宣告仪式结束，方解散仪仗队。这天，后苑会在清燕殿举办御宴，用插食盘架。午后，修内司在庆瑞殿举办晚宴，燃烟火、进市食、赏灯，就像元旦的晚上一样。

立春

·原文·

前一日，临安府造进大春牛，设之福宁殿庭。及驾临幸，内官皆用五色丝彩杖鞭牛，御药院例取牛睛，以充眼药。余属直阁婆（号管人都行首）掌管。预造小春牛数十，饰彩幡、雪柳，分送殿阁、巨珰，各随以金银钱彩缎为酬。是日，赐百官春幡胜，宰执、亲王以金，余以金裹银及罗帛为之，系文思院造进。各垂于幞头之左入谢。后苑办造春盘供进，及分赐贵邸、宰臣、巨珰，翠缕红丝，金鸡玉燕，备极精巧，每盘直万钱。学士院撰进春帖子，帝后、贵妃、夫人、诸阁，各有定式，绛罗金缕，华粲可观。临安府亦鞭春开宴，而邸第馈遗，则多效内庭焉。

·译文·

立春的前一天，临安府制造进献一头大春牛，放在福宁殿庭院中。待皇上来了之后，内官都会用五色丝彩杖来鞭牛。御药院照例把大春牛的眼睛取出来做成眼药，其他的就交给直阁婆（号管人都行首）来掌管。还会预先制造数十头小春牛，以彩幡、雪柳装饰，分别送往各殿阁和贵宦府中，各府都会用金银钱彩缎作为酬劳。立春这一天，皇上赏赐文武百官立春的幡胜，赏赐给宰执、亲王的是用金子制作的，其他的都是用金裹银及罗帛制作而成，这些都是由文思院制造进献的，官员们各自将其垂挂在幞头的左边入宫谢恩。后苑办造春盘供进，分赐给贵邸、宰臣、贵宦，翠缕红丝，金鸡玉燕，极为精巧，每盘价值万钱。学

士院撰写进春帖子。帝后、贵妃、夫人、诸阁，各有定式，绛罗金缕，华丽璀璨，十分可观。临安府也有鞭春开宴的习俗，而邸第相互馈赠的习惯则大多是效仿宫廷。

舞队

原文

大小全棚傀儡：查查鬼（查大）、李大口（一字口）、贺丰年、长瓠敛（长头）、兔吉（兔毛大伯）、吃遂、大憨儿、粗旦、麻婆子、快活三郎、黄金杏、瞎判官、快活三娘、沈承务、一脸膜、猫儿相公、洞公觜、细旦、河东子、黑遂、王铁儿、交椅、夹棒、屏风、男女竹马、男女杵歌、大小斫刀鲍老、交衮鲍老、子弟清音、女童清音、诸国献宝、穿心国入贡、孙武子教女兵、六国朝、四国朝、遏云社、绯绿社、胡安女、凤阮嵇琴、扑蝴蝶、回阳丹、火药、瓦盆鼓、焦锤架儿、乔三教、乔迎酒、乔亲事、乔乐神（马明王）、乔捉蛇、乔学堂、乔宅眷、乔像生、乔师娘、独自乔、地仙、旱划船、

译文

大小全棚傀儡（木偶）戏包括：查查鬼（查大）、李大口（一字口）、贺丰年、长瓠敛（长头）、兔吉（兔毛大伯）、吃遂、大憨儿、粗旦、麻婆子、快活三郎、黄金杏、瞎判官、快活三娘、沈承务、一脸膜、猫儿相公、洞公觜、细旦、河东子、黑遂、王铁儿、交椅、夹棒、屏风、男女竹马、男女杵歌、大小斫刀鲍老、交衮鲍老、子弟清音、女童清音、诸国献宝、穿心国入贡、孙武子教女兵、六国朝、四国朝、遏云

教象、装态、村田乐、鼓板、踏橇、扑旗、抱锣、装鬼、狮豹、蛮牌、十斋郎、耍和尚、刘衮、散钱行、货郎、打娇惜。

其品甚夥，不可悉数。首饰衣装，相矜侈靡，珠翠锦绮，眩耀华丽，如傀儡、杵歌、竹马之类，多至十余队。十二、十三两日，国忌禁乐，则有装宅眷笼灯，前引珠翠，盛饰少年尾其后，诃殿而来，卒然遇之，不辨真伪。及为乔经纪人，如卖蜂糖饼、小八块风子，卖字本，虔婆卖旗儿之类，以资一笑者尤多也。

社、绯绿社、胡安女、凤阮嵇琴、扑蝴蝶、回阳丹、火药、瓦盆鼓、焦锤架儿、乔三教、乔迎酒、乔亲事、乔乐神（马明王）、乔捉蛇、乔学堂、乔宅眷、乔像生、乔师娘、独自乔、地仙、旱划船、教象、装态、村田乐、鼓板、踏橇、扑旗、抱锣、装鬼、狮豹、蛮牌、十斋郎、耍和尚、刘衮、散钱行、货郎、打娇惜。

表演傀儡戏的舞队种类特别多，不可全部列出。首饰衣装，相互夸耀奢侈靡丽，珠翠锦绮，炫目耀眼，华丽非凡，如傀儡、杵歌、竹马之类，多达十余队。十二、十三两日，是国忌禁止奏乐的日子，则会有女眷着装的灯笼队，前面挂着珍珠翡翠，盛装打扮的少年尾随其后，侍卫大声呵呼而来，突然遇见，不知道他们的身份是真是假。还有表演打扮成经纪人的，如卖蜂糖饼、小八块风子，卖字本，虔婆卖旗儿之类，以博取他人一笑的尤其多。

灯品

·原文·

灯品至多，苏、福为冠，新安晚出，精妙绝伦。所谓“无骨灯”者，其法用绢囊贮粟为胎，因之烧缀，及成，去粟，则混然玻璃球也。景物奇巧，前无其比。又为大屏，灌水转机，百物活动。赵忠惠守吴日，尝命制春雨堂五大间，左为汴京御楼，右为武林灯市，歌舞杂艺，纤悉曲尽。凡用千工。外此有魫灯，则刻镂金珀玳瑁以饰之。珠子灯则以五色珠为网，下垂流苏，或为龙船、凤辇、楼台故事。羊皮灯则镞镂精巧，五色妆染，如影戏之法。罗帛灯之类尤多，或为百花，或细眼，间以红白，号“万眼罗”者，此种最奇。外此有五色蜡纸，菩提叶，若沙戏影灯，马骑

·译文·

灯的品种特别多，尤其以苏州、福州为最多，新安县的灯晚出，精妙绝伦。所谓的“无骨灯”，它的制作方法是用绢囊贮藏粟米作为灯胎，在烧制的时候绢囊与粟米便联结在一块了，待烧制成功后去掉粟米，则变成一个浑然一体的玻璃球了。景物奇巧，以前的灯都没法跟这相比。又做成大屏风，灌水转动，感觉有千百种动物在其中活动。赵忠惠在建康知府当太守的时候，曾下令建造春雨堂五大间，左边是汴京御楼，右边是武林灯市，歌舞杂艺，尽收眼底。大概动用近千人做工。此外有鱼脑骨做成的灯，以金珀来雕刻镂花，用玳瑁来装饰。珠子灯，则用五色珠做成网，下面垂着流苏，或做成龙船、凤辇、楼台故事。羊皮灯，则镞镂精巧，五种颜色来妆染，就像影戏法一样。

人物，旋转如飞。又有深闺巧娃，剪纸而成，尤为精妙。又有以绢灯剪写诗词，时寓讥笑，及画人物，藏头隐语，及旧京诨语，戏弄行人。有贵邸尝出新意，以细竹丝为之，加以彩饰，疏明可爱。穆陵喜之，令制百盏，期限既迫，势难卒成，而内苑诸珰，耻于不自己出，思所以胜之。遂以黄草布剪镂，加之点染，与竹无异，凡两日，百盏已进御矣。

罗帛灯之类的尤其多，有的做成百花，有的做成细眼，红白相间，被称作“万眼罗”的灯，最为奇特。此外还有五色蜡纸和菩提叶，就像沙戏影灯，马骑人物一样，旋转如飞。又有深闺巧娃，都是用剪纸做成的，特别精妙。有用绢灯剪写诗词的，时寓讥笑，有画成人物的，题写藏头诗和隐语，还有旧京的诨语（诙谐逗趣的话），用来戏弄行人。有的王侯贵族曾经自出新意，用细竹丝做灯，加以彩饰，疏明可爱。宋理宗喜欢，下令制作一百盏，期限紧迫，难以完成，而皇宫内诸多太监，耻于这种灯不是自己所制，便想方设法要超过王侯贵族做的这种灯。于是用黄草布剪镂，加上点染，跟用竹子做成的没什么差别，只用了两天，一百盏灯就已经进贡给皇上了。

挑菜

·原文·

二月一日，谓之“中和节”，唐人最重，今惟作假，及进单罗御服，百官服单罗公裳而已。二日，宫中排办挑菜御宴。先是，内苑预备朱绿花斛，下以罗帛作小卷，书品目于上，系以红丝，上植生菜、荠花诸品。俟宴酬乐作，自中殿以次，各以金篦挑之。后妃、皇子、贵主、婕妤及都知等，皆有赏无罚。以次每斛十号，五红字为赏，五黑字为罚。上赏则成号真珠、玉杯、金器、北珠、篦环、珠翠、领抹，次亦铤银、酒器、冠镯、翠花、段帛、龙涎、御扇、笔墨、官窑、定器之类。罚则舞唱、吟诗、念佛、饮冷水、吃生姜之类。用此以资戏笑。王宫贵邸，亦多效之。

·译文·

每年的二月一日，叫作“中和节”，唐朝人最为重视此节，但现在只做做样子，仅进奉单罗御服，百官服单罗公裳而已。二月二日，宫中采办挑菜御宴。刚开始时，皇宫准备好朱绿花斛，用萝卜做成小卷铺在底部，写上品目贴在上面，再用红丝系好，上面再插些生菜、荠花等各种蔬菜。待宴席开始奏乐，从内宫开始按顺序，各用金篦（弹筝用的金属刮板）来挑菜。后妃、皇子、公主、婕妤及都知等人挑菜，都是有赏无罚。依次是每斛十号，五红字是赏，五黑字是罚。上等的赏赐有成套的珍珠、玉杯、金器、北珠、篦环、珠翠、领抹，次等的赏赐也有铤银、酒器、冠镯、翠花、缎帛、龙涎、御扇、笔墨、官窑、定器之类。罚则有舞唱、吟诗、念佛、饮冷水、吃生姜之类。用这些赏罚来带给大家欢笑。王宫贵宅，也会效仿这些活动。

进茶

原文

仲春上旬，福建漕司进第一纲蜡茶，名“北苑试新”，皆方寸小夸。进御止百夸，护以黄罗软盝，藉以青箬，裹以黄罗夹复，臣封朱印，外用朱漆小匣镀金锁，又以细竹丝织笈贮之，凡数重。此乃雀舌水芽所造，一夸之值四十万，仅可供数瓯之啜耳。或以一二赐外邸，则以生线分解，转遗好事，以为奇玩。茶之初进御也，翰林司例有品尝之费，皆漕司邸吏赂之。间不满欲，则入盐少许，茗花为之散漫，而味亦漓矣。禁中大庆贺，则用大镀金鳖，以五色韵果簇饤龙凤，谓之“绣茶”，不过悦目。亦有专其工者，外人罕知，因附见于此。

译文

每年仲春二月的上旬，福建漕司进第一纲蜡茶，叫“北苑试新”，都是形制如方寸小銙。进贡给皇上只有百銙，先装在用黄罗纱做成的软盝中，再用箬竹的叶子垫在下面，再用黄罗纱做夹层来包裹，臣封朱印，外面用朱漆小匣装着，上镀金锁，又用细竹丝织做成的箱子贮藏，共有数重箱子密封。这是用雀舌水芽所制造的，一銙可以值四十万钱，但只能供品茗数瓯。皇上有时会拿一二銙赐给在京的各个王府，则以生线分解，转赠给好品茶的人，把这茶当作是奇玩。贡茶第一次进贡给皇上时，翰林司照例会收到品尝茶的费用，均来源于漕司邸吏的贿赂。有时到不了那个水准，则会加入少许的盐，煮茶时产生的泡沫会因为盐

分而散漫，而味道也更为淡薄。宫里有大庆贺，则会用大镀金盏，用五色韵果在盘中摆成龙凤的形状，这叫作“绣茶”，不过是为赏心悦目而已。当然这些也有专工的人负责，外人很少知道，因而在这附上记录一下。

赏花

原文

禁中赏花非一。先期后苑及修内司分任排办，凡诸苑亭榭花木，妆点一新，锦帘绡幕，飞梭绣球，以至茵褥设放，器玩盆窠，珍禽异物，各务奇丽。又命小珰、内司列肆关扑、珠翠冠朵、篦环绣段、画领花扇、官窑定器、孩儿戏具、闹竿龙船等物，及有买卖果木酒食、饼饵蔬茹之类，莫不备具，悉效西湖景物。起自梅堂赏梅，芳春堂赏杏花，桃源观桃，粲锦堂金林檎，照妆亭海棠，兰亭修禊，至于钟美堂赏大花为极盛。堂前三面，皆以花石为台三层，各植名品，标以象牌，覆以碧幕；台后分植玉绣球数百株，俨如镂玉屏；堂内左右各列三层雕花彩槛，护以彩色牡丹画衣，

译文

宫中赏花种类繁多。前期让后苑及修内司分派任务去整理，凡是各个花苑亭榭的花木，都装点一新，锦帘纱帐，飞梭绣球，以至于设放茵褥、器玩盆景、珍禽异物，都装饰得十分奇丽。又命年轻的太监、内司官员在后苑设关扑商铺，铺陈珠翠冠朵、篦环绣缎、画领花扇、官窑定器、孩儿戏具、闹竿龙船等物品，还有买卖果木酒食、饼饵蔬茹之类的商铺，无不具备，一概仿效西湖景物。皇上起身到梅堂赏梅，到芳春堂赏杏花，到桃源观桃，到粲锦堂看金林檎，到照妆亭看海棠，去兰亭修禊，以到钟美堂赏大花最为盛大。堂前三面，都是用花石做成的三层台阶，各自种植花木名品，用象牙装饰的榜牌来标识，用青绿色的帷幕来遮掩。后台则分别栽种数百株玉绣球，俨然像镂玉屏般。堂内左右各

间列碾玉水晶金壶，及大食玻璃、官窑等瓶，各簪奇品，如姚、魏、御衣黄、照殿红之类几千朵；别以银箔间贴大斛，分种数千百窠，分列四面；至于梁栋窗户间，亦以湘筒贮花，鳞次簇插，何翅万朵。堂中设牡丹红锦地茵，自殿中、妃嫔以至内官，各赐翠叶牡丹、分枝铺翠牡丹、御书画扇、龙涎金盒之类有差。下至伶官乐部应奉等人，亦沾恩赐，谓之“随花赏”。或天颜悦怿，谢恩赐予，多至数次。至春暮，则稽古堂、会瀛堂赏琼花，静侣堂紫笑，净香亭采兰挑笋，则春事已在绿阴芳草间矣。大抵内宴赏，初坐、再坐、插食盘架者，谓之“排当”，否则但谓之“进酒”。

列三层雕花彩槛，用彩色牡丹画衣来保护着，疏疏朗朗地陈列着碾玉水晶金壶及大食玻璃、官窑等瓶，各簪奇品，如姚、魏、御衣黄、照殿红之类的有几千朵，别以银箔间贴大斛，分种于千百盆盆景内，分列在四面八方。至于梁栋窗户之间，也用湘筒贮种花木，按顺序插簇，何止有万朵啊。堂中放置着牡丹红锦地褥，从殿中监、妃嫔至内官，各赏赐翠叶牡丹、分枝铺翠牡丹、御书画扇、龙涎金盒之类不等。下至伶官乐部应奉等人，也沾皇上恩赐，这叫作“随花赏”。有时皇帝和颜悦色，谢恩赐予则多至数次。到春暮时，则可到稽古堂、会瀛堂赏琼花，到静侣堂赏紫笑花，净香亭采兰挑笋，则春事已经在绿荫芳草间了。大概内宴赏赐，有初坐、再坐及插食盘架的，就叫作“排当”，否则只能叫“进酒”。

卷叁

西湖游幸
（都人游赏）

·原文·

淳熙间，寿皇以天下养，每奉德寿、三殿游幸湖山，御大龙舟，宰执从官，以至大珰、应奉、诸司及京府弹压等，各乘大舫，无虑数百。时承平日久，乐与民同，凡游观买卖，皆无所禁。画楫轻舫，旁午

·译文·

淳熙年间，孝宗皇帝以天下来供养双亲，每奉宋高宗、太后及皇后去湖山游玩时，都乘大龙舟。宰执从官，以及当权的宦官、应奉局官员等众官吏，及京城各府纠察下吏等，各自乘大舫，大约有数百条舟舫。当时天下太平无事，天子与民同乐，凡是当时在湖山游玩或做买卖的，都不禁止。画船轻舟，纷繁交错，如织布的线一样密密麻麻。至于果蔬、羹酒、关扑、宜男、戏具、闹竿、花篮、画扇、彩旗、糖鱼、粉饵、时花、泥婴等，这叫作“湖中土宜”。又有珠翠、冠梳、销金彩缎、犀钿、髹漆、织藤、窑器、玩具等物品，均一一陈列出来，什么都有。如先贤堂、三贤堂、

如织。至于果蔬、羹酒、关扑、宜男、戏具、闹竿、花篮、画扇、彩旗、糖鱼、粉饵、时花、泥婴等，谓之“湖中土宜”。又有珠翠、冠梳、销金彩段、犀钿、髹漆、织藤、窑器、玩具等物，无不罗列。如先贤堂、三贤堂、四圣观等处最盛。或有以轻桡趁逐求售者。歌妓舞鬟，严妆自炫，以待招呼者，谓之“水仙子”。至于吹弹、舞拍、杂剧、杂扮、撮弄、胜花、泥丸、鼓板、投壶、花弹、蹴踘、分茶、弄水、踏混木、拨盆、杂艺、散耍、讴唱、息器、教水族飞禽、水傀儡、鬻水道术、烟火、起轮、走线、流星、水爆、风筝，

四圣观等处是最具盛况的。有泛着小船追随求售的。歌妓舞鬟，均盛装打扮，尽可能地表现出自己的美丽，等待客人的召唤，这叫作“水仙子”。至于吹弹、舞拍、杂剧、杂扮、撮弄、胜花、泥丸、鼓板、投壶、花弹、蹴鞠、分茶、弄水、踏混木、拨盆、杂艺、散耍、讴唱、息器、教水族飞禽、水傀儡、鬻水道术、烟火、起轮、

不可指数，总谓之“赶趁人”，盖耳目不暇给焉。御舟四垂珠帘锦幕，悬挂七宝珠翠，龙船梭子、闹竿、花篮等物；宫姬韶部，俨如神仙；天香浓郁，花柳避妍。小舟时有宣唤赐予，如宋五嫂鱼羹，尝经御赏，人所共趋，遂成富媪。

朱静佳六言诗云：“柳下白头钓叟，不知生长何

走线、流星、水爆、风筝，不可胜数，总括起来叫作“赶趁人”，大概是要看的东西太多了，眼睛与耳朵都忙不过来了。皇帝乘坐的大龙舟珠帘锦幕从四面垂下来，悬挂着七宝珠翠，有龙船梭子、闹竿、花篮等物品。皇宫里的女官和乐官宫女，如神仙般美丽，身上散发着幽香，就连湖山的荷花杨柳都得避让她们的美色。有时皇上会宣唤小舟进行品尝美味，给予赏赐，如宋五嫂的鱼羹曾经得到过皇上的品尝、赏赐，因此人人都追着要去品尝，宋五嫂从此也就成了富足的女子。

朱静佳有六言诗说道：“柳下白头钓叟，不知生长何年。前度君王游幸，卖鱼收得金钱。”用修建西湖以仿效旧京开封金明池时的往事，让太上皇能安心，何止是特意来侍奉太上皇游玩赏景呢？湖上的御园，南有聚景、真珠、南屏；北

年。前度君王游幸，卖鱼收得金钱。”往往修旧京金明池故事，以安太上之心，岂特事游观之美哉？湖上御园，南有聚景、真珠、南屏，北有集芳、延祥、玉壶，然亦多幸聚景焉。一日，御舟经断桥，桥旁有小酒肆，颇雅洁，中饰素屏，书《风入松》一词于上，光尧驻目称赏久之。宣问何人所作，乃太学生俞国宝醉笔也。其词云：“一春长费买花钱。日日醉湖边。玉骢惯识西泠路，骄嘶过、沽酒楼前。红杏香中歌舞，绿杨影里秋千。　　东风十里丽人天。花压鬓云偏。画船载取春归去，余情在、湖水湖烟。明日重携残酒，来寻陌上花钿。”上笑曰：“此词甚好，但末句未免儒酸。”因为改定，云：“‘明日重扶残醉’，则迥不同矣。”即日命解褐云。

有集芳、延祥、五壶，然而也只是多去聚景楼游玩。有一天，皇上乘坐的大龙舟经过断桥，断桥的旁边有一处小酒肆，颇为雅洁，肆中有素屏装饰，屏风上面写了一首《风入松》词，太上皇宋高宗停下来欣赏了很久。宣问是谁所作，乃为太学生俞国宝的醉笔。这首词说：“一春长费买花钱。日日醉湖边。玉骢惯识西泠路，骄嘶过、沽酒楼前。红杏香中歌舞，绿杨影里秋千。　　东风十里丽人天。花压鬓云偏。画船载取春归去，余情在、湖水湖烟。明日重携残酒，来寻陌上花钿。”太上皇笑着说：“这词写得甚好，但尾句未免有点儒生的穷酸味儿。”因而改定后，说：“‘明日重扶残醉’，则迥然不同了。”当日就下令给俞国宝解褐授官。西湖天下景，白昼晴天晚来雨，四季的气候适宜。杭州人也无时无刻

西湖天下景，朝昏晴雨，四序总宜；杭人亦无时而不游，而春游特盛焉。承平时，头船如大绿、间绿、十样锦、百花宝、胜明玉之类，何翅百余；其次则不计其数，皆华丽雅靓，夸奇竞好。而都人凡缔姻、赛社、会亲、送葬、经会、献神，仕宦恩赏之经营，禁省台府之嘱托，贵珰要地，大贾豪民，买笑千金，呼卢百万，以至痴儿骙子，密约幽期，无不在焉。日糜金钱，靡有纪极，故杭谚有“销金锅儿”之号，此语不为过也。

不游西湖，而春游尤其盛大。天下太平无事时，尖头小船如大绿、间绿、十样锦、百花宝、胜明玉之类，何止百余艘啊。不仅这些船不计其数，而且它们都华丽雅靓，夸奇竞好。而京都人凡是缔结姻缘、赛社、会亲、送葬、诵经法会、献神、仕宦、做官赏赐领恩的办理、宫内御史府的嘱托，地处显要地位的贵宦，巨商豪民，不惜重价博取美人欢心，赌博不惜百万，以至于少年男女的痴儿密约幽会行为，无不在西湖进行。每日花费的金钱，很难有节制。所以杭州人的民间谚语中有西湖一个“销金锅儿”的名号，这个称呼真不为过。

都城自从过完收灯（正月十八日）之后，贵客名宦，都争先出郊，这叫作“探春”，到寒食节时为最盛。十余条赛龙舟，彩旗飘扬、鼓声叠叠，纷繁交错，璀璨如织锦般。船内有各种叫卖的商贩，为了把自己和其他人区别开，均身着锦衣，头戴花帽。京兆尹为龙舟赛确立奖赏的数额，各龙舟则竞渡夺桨争标。而名宦贵客给的赏犒更是无数。京都的青年男女，都聚集都城自过收灯，贵游巨室，皆争先出郊，谓之“探春”，至禁烟为最盛。龙舟十余，彩旗叠鼓，交午曼衍，粲如织锦。内有曾经宣唤者，则锦衣花帽，以自别于众。京尹为立赏格，竞渡争标，内珰贵客，赏犒无算。都人士女，两堤骈集，几于无置足地；水面画楫，栉比如鱼鳞，亦无行舟之路。歌欢箫鼓之声，振动远近，其盛可以想见。若游之次第，则先南而后北，至午则尽入西泠桥里湖，其外几无一舸矣。弁阳老人有词云：“看画船，尽入西泠，闲却半湖春色。”盖纪实也。既而小泊断桥，千舫骈聚，歌管喧奏，粉黛罗列，最为繁盛。桥上少年郎，竞纵纸鸢以相勾引，相牵剪截，以线绝

在西湖的两边堤岸上，拥挤得几乎没有放脚的地方了。水面上的画船像鱼一样穿梭，排列得十分紧凑整齐，也没有其他可以泛舟的地方了。欢歌笑语、吹箫击鼓的声音，震动远近，可以想见这是怎样一种盛况。至于游船的次第，则先南而后北，到了中午则全部进入西泠桥的里湖，外面几乎没有一条船了。弁阳老人（周密）有一首词说道：“看画船，尽入西泠，闲却半湖春色。”大致就是记录当时的实况吧。接着就是在断桥下小停一会儿，众多小船一并聚在一起，歌管喧奏，貌美的女子成队排列，极为繁盛。桥上的少年郎，争相放纸鸢来吸引貌美的女子，纸鸢相牵连又会相互剪截，以纸鸢的线断了为失败，这虽然是小技，但也有术业有专攻的诀窍。爆仗、

者为负，此虽小技，亦有专门。爆仗、起轮、走线之戏，多设于此。至花影暗而月华生，始渐散去。绛纱笼烛，车马争门，日以为常。张武子诗云："帖帖平湖印晚天，踏歌游女锦相牵。都城半掩人争路，犹有胡琴落后船。"最能状此景。茂陵在御，略无游幸之事。离宫别馆，不复增修。黄洪诗云："龙舟太半没西湖，此是先皇节俭图。三十六年安静里，棹歌一曲在康衢。"

理宗时亦尝制一舟，悉用香楠木抢金为之，亦极华侈，然终于不用。至景定间，周汉国公主得旨，偕驸马都尉杨镇泛湖，一时文物亦盛，仿佛承平之旧，倾城纵观，都人为之罢市。然是时，先朝龙舫久已沉没，独有小舟号"小乌龙"者，以赐杨郡王之故尚在。其舟平底有舵，制度简朴。或传此舟每出，必有风雨。余尝屡乘，初无此异也。

起轮、走线的游戏，多在这时开设。到花影暗淡而月亮升起时，人群才开始渐渐散去。夜晚时分所见的纱帐垂降、蜡烛熏笼，车水马龙，都是每日的寻常景象。张武子有一首诗说道："帖帖平湖印晚天，踏歌游女锦相牵。都城半掩人争路，犹有胡琴落后船。"最能描述这种景观。宁宗皇帝在位时，没什么游幸的事情。离宫别馆，不再增修。黄洪有诗说道："龙舟太半没西湖，此是先皇节俭图。三十六年安静里，棹歌一曲在康衢。"理宗时也曾经制作过一条船，都是用香楠木抢金的手法做成，也是极其华丽奢侈，然而最终却没有使用过。到景定年间，周汉国的公主得到旨意，带着驸马都尉杨镇一起泛

舟游湖，一时间礼仪风俗的盛况，仿佛回到以前那天下太平无事的时候，整个都城的百姓都去游玩观看，为此商贩都罢市不做买卖了。然而这个时候先朝的大龙舟已经沉没在湖里很久了，唯独有一条叫“小乌龙”的小船，因为赐给了杨郡王，所以尚在。这条船的船底是平的，有舵，整个形制比较简朴。传说这条船每次出游时，西湖必然会刮风下雨，我曾经屡次乘坐这条船，刚开始没碰到过这种异常情况。

放春

原文

蒋苑使有小圃，不满二亩，而花木匼匝，亭榭奇巧。春时悉以所有书画、玩器、冠花、器弄之物罗列满前，戏效关扑。有珠翠冠仅大如钱者，闹竿、花篮之类，悉皆镂丝金玉为之，极其精妙。且立标竿、射垛及秋千、梭门、斗鸡、蹴踘诸戏事，以娱游客。衣冠士女至者，招邀杯酒，往往过禁烟乃已。盖效禁苑，具体而微者也。

译文

蒋苑使有一小园，不到二亩地，以花木周匝环绕，亭台楼榭十分奇巧。春天时分，把家里珍藏的所有书画、玩器、冠花、器弄等物品，全部陈列在小园里，玩耍的方式效仿“关扑”那种以商品为诱饵赌掷财物的博戏。其中有一件用珍珠翡翠做成的头饰，仅如一文钱般大小，但这头饰中的闹竿、花篮之类都是用镂丝金玉做成，极其精妙。并且，蒋苑使在小园中还开设标杆、射垛及秋千、梭门、斗鸡、蹴鞠等各类可以游戏的事物，供游客欢娱玩乐。穿戴齐整的青年男女来此游玩都招呼邀请他们饮酒玩乐。小园的这种活动往往持续到寒食节才作罢。大概是效仿帝王的园林，只是具体且精微罢了 。

社会

·原文·

二月八日为桐川张王生辰，霍山行宫朝拜极盛，百戏竞集。如绯绿社（杂剧）、齐云社（蹴球）、遏云社（唱赚）、同文社（耍词）、角抵社（相扑）、清音社（清乐）、锦标社（射弩）、锦体社（花绣）、英略社（使棒）、雄辩社（小说）、翠锦社（行院）、绘革社（影戏）、净发社（梳剃）、律华社（吟叫）、云机社（撮弄），而七宝、巙马二会为最：玉山宝带，尺璧寸珠，璀璨夺目；而天骥龙媒，绒鞯宝辔，竞赏神骏。好奇者至剪毛为花草人物，厨行果局，穷极肴核之珍。有所谓意

·译文·

每年的二月初八是桐川张王的生辰，到张王在霍山的行宫朝拜的香客极其多，现场百戏竞集。像绯绿社（杂剧）、齐云社（蹴球）、遏云社（唱赚）、同文社（耍词）、角抵社（相扑）、清音社（清乐）、锦标社（射弩）、锦体社（花绣）、英略社（使棒）、雄辩社（小说）、翠锦社（行院）、绘革社（影戏）、净发社（梳剃）、律华社（吟叫）、云机社（撮弄）等，其中七宝、巙马两种表演活动最为奇妙：玉山石雕、珍宝佩带、尺璧寸珠，璀璨夺目；而天骥龙媒，绒鞯宝辔，竞赏神骏。好奇者剪动物毛做成花草人物，而厨行果子局精心制作珍贵的美味佳肴。有所谓的能工巧匠，都用通草、罗帛雕饰成楼台故事之类的玩物，用珍珠翡翠来装饰，极其精致，

思作者，悉以通草罗帛雕饰，为楼台故事之类，饰以珠翠，极其精致，一盘至直数万。然皆浮靡无用之物，不过资一玩耳。奇禽则红鹦白雀，水族则银蟹金龟，高丽、华山之奇松，交广、海峤之异卉，不可缕数，莫非动心骇目之观也。若三月三日殿司真武会、三月二十八日东岳生辰，社会之盛，大率类此，不暇赘陈。

一盘可值数万钱。然而这都是些浮靡无用的东西，不过是可以拿来玩一玩罢了。其中奇禽有红鹦、白雀，水族有银蟹、金龟，有来自高丽、华山的奇松，有来自交广、海峤的奇异花卉，不可胜数，真是动心骇目的奇观啊。就像三月三日的殿司真武会，三月二十八日的东岳生辰，集会活动的兴盛，大都跟这一样，不再费时重复叙述。

祭扫

·原文·

清明前三日为寒食节，都城人家，皆插柳满檐，虽小坊幽曲，亦青青可爱。大家则加枣䭅于柳上。然多取之湖堤，有诗云："莫把青青都折尽，明朝更有出城人。"朝廷遣台臣中使、宫人车马，朝飨诸陵原庙，荐献用麦糕、稠饧；而人家上冢者，多用枣䭅、姜豉。南北两山之间，车马纷然，而野祭者尤多，如大昭庆、九曲等处，妇人泪妆素衣，提携儿女，酒壶肴罍，村店山家，分馂游息。至暮，则花柳土宜，随车而归。若玉津、富景御

·译文·

每年清明的前三天是寒食节，都城人家的民居房檐下都插满柳枝，即便是小坊深幽偏僻的地方，也都显得青青可爱。大户家庭则在柳条上串上枣饼。然而这些柳枝多是取自西湖岸堤。有诗说："莫把青青都折尽，明朝更有出城人。"朝廷会派遣台臣中使、宫人马队，到各帝陵原庙祭祀，祭献用麦糕和稠饧。而京都百姓人家上冢祭献，多用枣饼姜豉。南北两山之间，车马杂乱拥挤，在野外祭祀的人特别多，像在大昭庆、九曲等地方，妇人身着素衣，扮以泪妆，携着儿女，带着酒壶肴罍，在村店山家游玩休息的时候吃剩下的熟食。到了晚上则花柳土宜都随着车马归去了。像在玉津、富景御园，包

园，包家山之桃，关东青门之菜市，东西马塍，尼庵道院，寻芳讨胜，极意纵游，随处各有买卖赶趁等人。野果山花，别有幽趣。盖辇下骄民，无日不在春风鼓舞中，而游手末技为尤盛也。

家山的桃，关东青门的菜市，东西马塍，尼庵道院，游赏美景、探访名胜，极意纵游，随处可见赶趁做买卖的人，野果山花，别有幽趣。大概是京城百姓，没有哪一天不是在春风鼓舞中，而游手好闲、略通小技的人特别多。

浴佛

·原文·

四月八日为佛诞日，诸寺院各有浴佛会。僧尼辈竞以小盆贮铜像，浸以糖水，覆以花棚，铙钹交迎，遍往邸第富室，以小杓浇灌，以求施利。是日西湖作放生会，舟楫甚盛，略如春时，小舟竞买龟鱼螺蚌放生。

·译文·

每年的四月八日是佛诞日，各个寺院都会举办浴佛会。寺院的僧尼都争相用小盆来存放铜佛像，用糖水来浸洗它，用花棚来遮盖它，用铙、钹两种法器相互碰撞发出鸣声，走遍当地的名宦邸第和富贵豪宅，名宦、富人可用小杓舀糖水来浇灌佛像，僧尼从而求得布施的财物。这天，西湖有放生法会，湖面飘荡着各种各样的船，就像春游一样，小船上的人争着到湖边购买龟鱼螺蚌，用来放生。

迎新

原文

户部点检所十三酒库，例于四月初开煮，九月初开清。先至提领所呈样品尝，然后迎引至诸所隶官府而散。每库各用匹布，书库名高品，以长竿悬之，谓之“布牌”。以木床铁擎为仙佛鬼神之类，驾空飞动，谓之“台阁”。杂剧百戏诸艺之外，又为渔父习闲、竹马出猎、八仙故事，及命妓家女，使裹头花巾为酒家保，及有花窠五熟盘架、放生笼养等，各库争为新好。库妓之琤琤者，皆珠翠盛饰，销金红背，乘绣鞯宝勒骏骑，各有皂衣黄号私身数对，诃导于前；罗扇衣笈、浮浪闲客，随逐于后；少年狎客，往

译文

户部点检所十三酒库，照例在每年的四月初开始煮酒，九月初开始清点。先携带样酒到提领所呈验品尝，然后迎引新酒时把酒带到各所隶属的官府分发。十三酒库中每库各自用布匹来书写库名及本库的高品酒，再用长竿把布匹悬挂起来，这叫作“布牌”。用木床和铁擎做成仙佛鬼神之类的道具，把道具驾在空中飞动，这叫作“台阁”。除有杂剧百戏各类游艺活动之外，又有渔父习闲、竹马出猎、八仙故事等节目。也有命酒楼妓家女在头上裹好花巾扮作酒家保，还有花窠五熟盘架和放生笼养等活动，各库都在争先做新式好玩的游艺活动。酒楼中那些声名显著的妓女，都会盛装打扮，佩戴着珍珠和翡翠，红色衣服上嵌有金色丝线，乘着有刺绣马鞍垫和华贵马络头的骏马，各有数对

往簇饤持杯，争劝马首，金钱彩段，沾及舆台。都人习以为常，不为怪笑。所经之地，高楼邃阁，绣幕如云，累足骈肩，真所谓“万人海”也。

穿着黑衣、戴着黄号的帮佣在前面呵呼导引；拿着纨扇、背着装满衣物书箱的漂泊闲客，紧紧跟随在后面；陪伴权贵游玩的少年往往手里端着酒杯和盛满食物点心的盘子，前呼后拥地追随着华贵的骏马，向名妓抛去金钱彩缎，有时还惠及一般百姓。对这样的场面，京都人已经习以为常了，也不会认为它奇怪可笑。名妓所经过的地方，高耸深幽的楼阁，绣幕如云彩般漂亮，拥挤的人群只能肩并着肩、脚印合着脚印，真所谓“万人海”啊！

端午

·原文·

先期学士院供帖子，如春日禁中排当，例用朔日，谓之“端一”，或传旧京亦然。插食盘架设天师、艾虎、意思山子数十座，五色蒲丝、百草霜，以大合三层，饰以珠翠、葵、榴、艾花。蜈蚣、蛇、蝎、蜥蜴等，谓之“毒虫”。及作糖霜韵果、糖蜜巧粽，极其精巧。又以大金瓶数十，遍插葵、榴、栀子花，环绕殿阁。及分赐后妃、诸阁、大珰、近侍翠叶、五色葵榴、金丝翠扇、真珠百索、钗符、经筒、香囊、软香、龙涎佩带及紫练、白葛、红蕉之类。大臣贵邸，均被细葛、香罗、蒲丝、艾朵、彩团、巧粽之赐，而外邸节物，大率效尤焉。巧粽之品不一，至结为楼台舫辂，又

·译文·

端午之前学士院提供名帖，如春日的宫内宴席，照例在当月的初一，这叫作“端午”，有人说相传旧都就是这样。在插食盘架上放天师像、艾虎和数十座颇有意趣的假山，五色蒲草丝线，百草霜，这些物品以三层大盒来盛放，用珠翠、葵、榴、艾花来装饰的目的是为了驱邪去毒。蜈蚣、蛇、蝎、蜥蜴等，称为“毒虫”。到了制作糖霜韵果、糖蜜巧粽，则极其精巧。又用数十只大金瓶插遍葵、榴、栀子花，环绕在殿阁上。分别赏赐给后妃、宰辅大臣、宦官、近侍翠叶、五色葵榴、金丝翠扇、珍珠百索、钗符、经筒、香囊、软香、龙涎佩带及紫练、白葛、红蕉之类。赏赐给大臣贵府细葛、香罗、蒲丝、艾朵、彩团、巧粽等物，而在京都的诸王府邸的过节物品，大都与这相仿，甚至更加

以青罗作赤口白舌帖子，与艾人并悬门楣，以为禳禬。道宫法院，多送佩带符箓，而市人门首，各设大盆，杂植艾、蒲、葵花，上挂五色纸钱，排饤果粽，虽贫者亦然。湖中是日，游舫亦盛，盖迤逦炎暑，宴游渐稀故也。俗以是日为马本命，凡御厩、邸第上乘，悉用五彩为鬃尾之饰，奇鞯宝辔，充满道途，亦可观玩也。

丰盛。巧粽的品种繁多，小巧玲珑到可以结为楼台舫辂。又用青罗作为赤口白舌的帖子，与用艾扎成的小人一并悬挂在门楣上，以此作为祈福除殃的祭祀。道宫法院，多送佩带符箓，而都市百姓的门前，各放置一个大盆，杂种着艾草、香蒲、葵花，上面挂起五色纸钱，陈列着蔬果巧粽。即便是贫困家庭也一样。这天在西湖的游舫也特别多，大概是山河迤逦而酷暑炎炎，皇帝的宴游日渐稀少的缘故吧。世俗认为这一天是马本命，所以凡是在宫廷马厩和在达官显贵的府邸里的上乘马车，都用五彩绳装饰马的鬃尾，配上奇特的鞍鞯和金贵的辔头，布满道路，也是颇为可观、赏玩的风景。

禁中纳凉

·原文·

禁中避暑，多御复古、选德等殿，及翠寒堂纳凉。长松修竹，浓翠蔽日，层峦奇岫，静窈萦深，寒瀑飞空，下注大池可十亩。池中红白菡萏万柄，盖园丁以瓦盎别种，分列水底，时易新者，庶几美观。又置茉莉、素馨、建兰、麝香藤、朱槿、玉桂、红蕉、阇婆、薝葡等南花数百盆于广庭，鼓以风轮，清芬满殿。御笐两旁，各设金盆数十架，积雪如山；纱厨后先，皆悬挂伽兰木、真蜡龙涎等香珠百斛；蔗浆金碗、珍果玉壶，初不知人间有尘暑也。闻洪景卢学士尝赐对于翠寒

·译文·

宫内避暑，皇帝多去复古、选德等殿及翠寒堂纳凉。高高的松树，修长的竹子，枝叶茂密遮住了阳光，山峰林立险峻、山洞奇妙瑰丽，静谧而悠远。清冷的瀑布飞流在空中，落下后形成的池子有十亩地那么大。池中有数万柄红的、白的荷花花苞，大概是园丁用瓦盆别种，分列在水底，待时机成熟，或许就会形成一道亮丽的景色。又放了数百盆的茉莉、素馨、建兰、麝香藤、朱槿、玉桂、红蕉、阇婆、薝葡等南花在宽绰的厅堂中，用风轮扇风，使得殿堂里流淌着花木的清香芬芳。在两旁的御笐上，各放上数十架金盆，积雪如山；在纱橱前后都悬挂伽兰木、真蜡龙涎

堂，三伏中体粟战栗，不可久立。上问故，笑遣中贵人以北绫半臂赐之，则境界可想见矣。

等百斛香珠。金碗盛着甘蔗汁，玉壶里装着珍果浆，真不知人间还有酷暑啊。听说洪景卢学士曾经去翠寒堂拜见皇上，三伏天站在堂上身体不禁战栗发抖，站不了多久。皇帝问明原因，笑着派侍从宦官赏赐他北绫半臂披着，可想见翠寒堂避暑之境界。

都人避暑

·原文·

六月六日，显应观崔府君诞辰，自东都时，庙食已盛。是日都人士女，骈集炷香，已而登舟泛湖，为避暑之游。时物则新荔枝、军庭李（二果产闽）、奉化项里之杨梅、聚景园之秀莲、新藕、蜜筒、甜瓜、椒核、枇杷、紫菱、碧芡、林檎、金桃、蜜渍昌元梅、木瓜、豆儿水、荔枝膏、金橘、水团、麻饮、芥辣、白醪、凉水、冰雪爽口之物。关扑香囊、画扇、涎花、珠佩，而茉莉为最盛。初出之时，其价甚穹，妇人簇戴，多至七插，所直数十券，不过供一饷之娱耳。盖入夏则游船不复入里湖，多占蒲深柳密宽凉之地，披襟钓水，月上始还。或好事者，则敞大舫、设蕲簟，高枕取凉，栉发快浴，惟取适意，或留宿湖心，竟夕而归。

译文

每年六月初六是显应观崔府君的诞辰日，从前在东都洛阳时，这天举行的庙食就已经非常盛大了。这天，京都的男男女女都聚在一起来显应观上香，继而去西湖泛舟，是一种避暑之游。当季的食物有新荔枝、军庭李（这两种水果产自福建）、奉化项里的杨梅、聚景园的秀莲新藕、蜜筒甜瓜、椒核、枇杷、紫菱、碧芡、林檎、金桃、蜜渍昌元梅、木瓜、豆儿水、荔枝膏、金橘、水团、麻饮、芥辣、白醪、凉水、冰雪爽口一类的食物。以香囊、画扇、涎花、珠佩为奖品来作为赌掷的博戏，而以茉莉最受欢迎。茉莉刚上市时，价格很高，妇女拥簇插戴在头上，最多时到七插，价值数十券，不过是供一会儿的娱乐而已。大概是到了夏天时，泛舟游湖的都不再去里湖，多数人去抢占蒲深柳密的宽凉地方，披着衣襟在水上钓鱼，直到月上梢头才回。有的好事者则敞开大舫，放着蕲簟高枕取凉，快速地洗浴并梳理头发，只为舒适。有的人则在湖心留宿，通宵达旦才归。

乞巧

·原文·

立秋日，都人戴楸叶，饮秋水、赤小豆。七夕节物，多尚果食、茜鸡。及泥孩儿号“摩睺罗”，有极精巧饰以金珠者，其直不赀。并以蜡印凫雁、水禽之类，浮之水上。妇人女子，至夜对月穿针，饾饤杯盘，饮酒为乐，谓之乞巧。及以小蜘蛛贮盒内，以候结网之疏密，为得巧之多少。小儿女多衣荷叶半臂，手持荷叶，效颦摩睺罗，大抵皆中原旧俗也。七夕前，修内司例进摩睺罗十卓，每卓三十枚，大者至高三尺，或用象牙雕镂，或用龙涎佛手香制造，悉

·译文·

立秋这一天，京都人插戴楸叶，饮秋水、吃红小豆。七夕节的节令物品，大多比较崇尚吃用油面糖蜜等做成的果食和用茜草根做燃料熬制的茜鸡。用泥制成的婴孩形塑像叫“摩睺罗”，用金珠来装饰做得特别精巧的，它的价值不菲。并且有用蜡印技术制作凫雁、水禽之类的，让它们漂浮在水上。这天晚上，妇人及年轻的女孩，对着月光穿针引线到深夜，饮杯中好酒，吃盘里珍果，极其欢乐，这叫作“乞巧”。把捉得的小蜘蛛贮藏进盒子里，等待蜘蛛结网，以网的疏密判定得巧的多少。小男孩、小女孩多穿荷叶半臂，手拿着荷叶，效仿“摩睺罗”，大概都是中原以前的习俗吧。七夕之前，修内司照例要进奉“摩睺罗”十桌，每桌三十枚，大的高达三尺，或用象牙雕镂，或用

用镂金珠翠，衣帽、金钱、钗镯、佩环、真珠、头须及手中所执戏具，皆七宝为之，各护以五色镂金纱厨。制阃、贵臣及京府等处，至有铸金为贡者。宫姬市娃，冠花衣领，皆以乞巧时物为饰焉。

龙涎佛手香制造，都是用镂金珠翠所制。衣帽、金钱、钗镯、佩环、珍珠、头须及手中所拿的戏具，都是用七种珍宝来制作，各以五色镂金的技艺制成的纱橱来护着。军中将帅、重臣及京都等地区，都有铸金来进贡的。皇宫里的女官、城市中的少女，头上插戴的花饰、帽子与身上所着的衣领，都是用乞巧时的物品来作为装饰呢。

中元

·原文·

七月十五日，道家谓之“中元节”，各有斋醮等会；僧寺则于此日作盂兰盆斋；而人家亦以此日祀先，例用新米、新酱、冥衣、时果、彩段、面棋，而茹素者几十八九，屠门为之罢市焉。

·译文·

每年的阴历七月十五日，道家把这天叫作“中元节”，在各处的道场中都有祭告神灵、祈求消灾赐福的法事；寺庙中的僧人则在这天作盂兰盆斋；而普通老百姓也在这天祭祀先祖，照例用新米、新酱、冥衣、时果、彩缎、棋形小薄饼，而在这一天吃素的人几乎十有八九，屠宰牲畜的市集则在此日专门休市闲在家里。

中秋

原文

禁中是夕，有赏月延桂排当，如倚桂阁、秋晖堂、碧岑，皆临时取旨。夜深，天乐直彻人间。御街如绒线、蜜煎、香铺，皆铺设货物，夸多竞好，谓之“歇眼”。灯烛华灿，竟夕乃止。此夕浙江放“一点红”羊皮小水灯数十万盏，浮满水面，烂如繁星，有足观者。或谓此乃江神所喜，非徒事观美也。

译文

中秋夜晚，宫内有赏月延桂的宴席，如倚桂阁、秋晖堂、碧岑等处都是临时获取圣旨举办宴席之地。深夜时分，宫廷之乐仍然响彻世间。御街中诸如卖绒线、蜜煎、香铺的地方都铺陈排列着货物，夸多竞好，这叫“歇眼”（夜市）。闪耀的灯烛之火，直到通宵达旦才停止。这天晚上，钱塘江上摆放数十万盏名为“一点红”的羊皮小水灯，浮满水面，如繁星烂漫，大有可观。有人说这是江神所喜欢的景象，并非仅仅是为了美观罢了。

煎
蜜
香

观潮

·原文·

浙江之潮，天下之伟观也。自既望以至十八日为最盛。方其远出海门，仅如银线，既而渐近，则玉城雪岭，际天而来，大声如雷霆，震撼激射，吞天沃日，势极雄豪。杨诚斋诗云“海涌银为郭，江横玉系腰”者是也。每岁，京尹出浙江亭教阅水军，艨艟数百，分列两岸，既而尽奔腾分合五阵之势，并有乘骑弄旗、标枪舞刀于水面者，如履平地。倏尔黄烟四起，人物略不相睹，水爆轰震，声如崩山；烟消波静，则一舸无迹，仅有敌船为火所焚，随波而逝。吴儿善泅者数百，皆披发文身，手持十幅大彩旗，争先鼓勇，溯迎

·译文·

钱塘江的潮水乃是天下最为雄伟的景观。每年从八月十六日到十八日，潮水最是盛大。当海潮远远地从钱塘江入海口处涌起时，仅如一条银白色的线般细而窄长，既而海潮逐渐靠近，潮浪高耸入云就如同白玉之城、银雪之岭一般，波涛从天际边汹涌而来，潮声如雷霆霹雳般轰鸣，震撼乾坤，激扬磅礴，吞没宇宙，涤荡太阳，气势极其雄伟豪壮。杨万里诗中所说“海涌银为郭，江横玉系腰”，就是这般景象。每年八月京都临安府的长官来浙江亭校阅水军，数百艘艨艟战船分列两岸，既而艨艟战船将奔腾分合的五种阵势演绎得淋漓尽致，同时还有水军在战船上骑马耍弄旗帜，在水面上举着标枪舞着大刀，就好像在平地

而上，出没于鲸波万仞中，腾身百变，而旗尾略不沾湿，以此夸能。而豪民贵宦，争赏银彩。江干上下十余里间，珠翠罗绮溢目，车马塞途，饮食百物，皆倍穹常时，而僦赁看幕，虽席地不容间也。禁中例观潮于天开图画，高台下瞰，如在指掌。都民遥瞻黄伞雉扇于九霄之上，真若箫台、蓬岛也。

上步行一般。忽然间黄色的烟雾四处窜起，人与物彼此一点儿都看不见，水中爆破的声音轰然震动，就如山崩地裂一般。待烟雾消散，水波平静，水面上不见一艘船的踪影，只剩下被火烧毁的“敌船”随着波浪而沉入水底。数百个善于游水的吴地健儿，每人都头披散发、身文刺青，手里握着十幅大彩旗，奋勇争先地迎着潮水逆流而上，在万仞波涛里若隐若现，身子腾跃着变换出万千姿态，然而旗尾却丝毫没有被水沾湿的，凭着这样精彩的表演来展示他们高超的技能。而巨贾富豪与贵臣则争先给他们赏赐金银彩帛。在江岸南北上下十余里之间，满眼都是穿着华丽、妆饰奢珍的观众，车马塞满道路，饮食、百货的价钱都较常日里高出数倍，而专供游客租赁观赏的帐篷，即便仅能容纳一席之地的空间也难找到。皇宫中的人照例在“天开图画”上观潮，从高台上俯瞰，景象如在指掌间。京都百姓遥望着高台上的黄伞及皇帝手拂的羽扇，就像在九霄之上一样，真有如在箫台、蓬岛般。

重九

原文

禁中例于八日作重九排当，于庆瑞殿分列万菊，灿然眩眼，且点菊灯，略如元夕。内人乐部，亦有随花赏，如前“赏花”例。盖赏灯之宴，权舆于此，自是日盛矣。或于清燕殿、缀金亭赏橙橘，遇郊祀岁则罢宴。

都人是月饮新酒、泛萸、簪菊，且各以菊糕为馈：以糖、肉、秫面杂糅为之；上缕肉丝鸭饼，缀以榴颗，标以彩旗；又作蛮王狮子于上，又糜栗为屑，合以蜂蜜，印花脱饼，以为果饵。又以苏子微渍梅卤，杂和蔗霜、梨、橙、玉榴小颗，名曰“春兰秋菊”。雨后新凉，则已有炒银杏、梧桐子，吟叫于市矣。

译文

宫廷内照例在九月初八设重九宴席，在庆瑞殿摆上万丛菊花，灿烂炫目，并且点燃菊灯，就像元旦的晚上一样。乐部的宫女，也有随花赏，像前面“赏花”的旧例一样。大概赏灯的宴席，从此开始，自是逐日渐盛。有时在清燕殿、缀金亭欣赏橙橘。遇到郊庙祭祀的年份则罢宴。

京都人在这个月喝新酒，泛茱萸、插戴菊花。并且各用菊糕相赠，这种菊糕是用糖、肉、秫面杂糅而成，上面放着缕肉丝鸭饼，用几粒石榴点缀，标以彩旗。又在糕点上作蛮王狮子，再撒上一些糜栗屑，合以蜂蜜，用印花工艺使饼脱落，做成糖果点心。又用苏子微渍梅卤，掺杂些蔗霜、梨、橙、小颗的玉榴，命名为“春兰秋菊”。雨后新凉，则已经有炒银杏、梧桐子在集市上叫卖了。

开炉

·原文·

是日，御前供进夹罗御服，臣僚服锦袄子夹公服，“授衣”之意也。自此御炉日设火，至明年二月朔止。皇后殿开炉节排当。是月遣使朝陵，如寒食仪。都人亦出郊拜墓，用绵球楮衣之类。

·译文·

十月初一这天，在皇帝跟前供进夹罗御服，臣僚们则穿锦袄子夹公服，以示“授衣”（裁制冬衣）之意。从这一天开始御炉每日生火，到第二年的二月一日方停止。皇后会在殿内于开炉节这天设宴席。本月，宫内派遣使者去朝拜皇陵，礼仪跟寒食节的礼仪一样。京城人也纷纷去城郊祭拜先人坟墓，用棉球冥衣之类的物品祭祀先人。

冬至

·原文·

朝廷大朝会庆贺排当，并如元正仪，而都人最重一阳。贺冬车马，皆华整鲜好，五鼓已填拥杂沓于九街；妇人小儿，服饰华炫，往来如云；岳祠、城隍诸庙炷香者尤盛。三日之内，店肆皆罢市，垂帘饮博，谓之“做节”。享先则以馄饨，有“冬馄饨，年馎饦”之谚。贵家求奇，一器凡十余色，谓之“百味馄饨”。

·译文·

朝廷大朝会庆贺宴席，就如同元旦的仪式，而京都人最重视冬至，认为冬至这一天阳气开始上升。庆贺冬至的车马都是华丽侈靡的，五更时分京都各条大道便已经拥挤不堪了；女人小孩，穿着华丽耀眼，来来往往，有如云集；岳祠、城隍各祠庙里烧香拜神的香客尤其多。三天之内，店肆都不开业，闲居无事、饮酒博戏，这叫作“做节”。祭祀祖先则用馄饨，有“冬馄饨，年馎饦（汤饼）”的谚语。富贵人家追求奇异，一种器皿中装着十余种颜色的馄饨，称为“百味馄饨”。

赏雪

·原文·

禁中赏雪多御明远楼。（禁中称楠木楼。）后苑进大小雪狮儿，并以金铃彩缕为饰，且作雪花、雪灯、雪山之类，及滴酥为花及诸事件，并以金盆盛进，以供赏玩。并造杂煎品味，如春盘饾饤、羊羔儿酒以赐。并于内藏库支拨官券数百万，以犒诸军，及令临安府分给贫民，或皇后殿别自支犒，而贵家富室，亦各以钱米犒闾里之贫者。

·译文·

宫内赏雪，皇帝多去明远楼。（宫内称为“楠木楼”。）后苑进奉大小雪狮子，以金铃彩缕作为装饰，且作雪花、雪灯、雪山之类，以及用酥油滴成花果图案等各类物件，盛放在金盆里进奉，以供赏玩。并制作杂煎品味，如春盘杂食、羊羔酒等，用来赏赐百官。并于内藏库支拨数百万官券犒劳诸军，并令临安府分给贫民，或由皇后殿各自支付犒赏费用。而富贵人家，亦各以钱米犒赏给闾里的贫民。

岁除

·原文·

禁中以腊月二十四日为小节夜，三十日为大节夜。呈女童驱傩，装六丁、六甲、六神之类，大率如《梦华》所载。后苑修内司，各进消夜果儿，以大合簇饤，凡百余种，如蜜煎珍果，下至花饧、萁豆，以至玉杯宝器、珠翠花朵、犀象博戏之具，销金斗叶、诸色戏弄之物，无不备具，皆极小巧。又于其上作玉辂，高至三四尺，悉以金玉等为饰，护以贴金龙凤罗罩，以奇侈求胜。一合之费，不啻中人十家之产，止以资天颜一笑耳。后妃、诸阁又各进岁轴儿及珠翠百事吉、利市袋儿、小样金银器皿，并随年金钱

·译文·

宫内以腊月二十四日为小节夜，三十日为大节夜。那天有女童驱傩的戏曲表演，装上六丁、六甲、六神之类的神咒，大概像《东京梦华录》所记载的样子。后苑修内司，各进消夜的点心，用大盒来堆放，消夜点心有百余种，如蜜煎珍果，下至花糖、萁豆，还有玉杯宝器、珠翠花朵、犀象博戏的器具，销金斗叶、诸色戏弄的物品，无不具备，都是极其小巧玲珑。又在大盒上面制作玉辂（帝王所乘的车），高达三四尺，都是用金玉等物来装饰，用贴金龙凤覆盖着，以奇异奢侈求胜。制作一盒的费用，相当于十户普通人家的产业，却仅仅是为博得皇帝龙颜一笑而已。后妃、宰辅大臣又各进奉岁轴儿及珠翠百事吉结子、利市袋儿、小样金银器皿，并随年金钱一百二十文，随后也分赐

一百二十文，旋亦分赐亲王贵邸、宰臣巨珰。至于爆仗，有为果子人物等类不一；而殿司所进屏风，外画钟馗捕鬼之类，而内藏药线，一爇，连百余不绝。箫鼓迎春，鸡人警唱，而玉漏渐移，金门已启矣。

给亲王贵邸、宰臣贵宦。至于爆竹，有画着果子人物等各种不同的图案；而殿司所进奉的屏风，屏风外画着钟馗捕鬼，而内藏药线，一点燃，连续百余响而不断绝。箫鼓迎春，报时官警唱报时，而玉漏渐渐移去，金门已经开启了。

岁晚节物

·原文·

腊日，赐宰执、亲王、三衙从官、内侍省官并外阃、前宰执等腊药，系和剂局造进，及御药院特旨制造银合，各一百两以至五十两、三十两各有差。伏日，赐暑药亦同。

都下自十月以来，朝天门内外，竞售锦装新历、诸般大小门神、桃符钟馗、狻猊虎头及金彩缕花、春帖幡胜之类，为市甚盛。八日，则寺院及人家用胡桃、松子、乳蕈、柿、栗之类为粥，谓之“腊八粥”。医家亦多合药剂，侑以虎头丹、八神屠苏，贮以绛囊，馈遗大家，谓之“腊药”。至于馈岁盘合、酒檐羊腔，充斥道路。二十四日，谓之“交年”。祀灶用花饧、米饵及烧替代，及作糖豆粥，谓之“口

·译文·

腊八这一天，皇帝会赐给宰执、亲王、三衙从官、内侍省官及京城以外的武将文官、前宰执等官员腊药，这是和剂局制造、进奉的，以及御药院特旨制造的银盒各一百两或五十两、三十两不等。入初伏的那一天，皇帝所赐的暑药也是这样。

京都从十月以来，朝天门内外争相售卖锦装新历、各种大小门神、桃符钟馗、狻猊虎头及金彩缕花、春帖幡胜之类的东西，集市里十分热闹。初八这一天，寺院及各户人家用胡桃、松子、乳蕈、柿、栗之类煮粥，这称为“腊八粥”。从医的人家也用多合药剂，配上虎头丹、八神屠苏，放置在红色的布袋里储藏，送给大家，这称为“腊药”。至于馈岁酒食盘合、酒担、羊肋骨，路的两边到处都是。

数”。市井迎傩，以锣鼓遍至人家，乞求利市。至除夕，则比屋以五色纸钱、酒果，以迎送六神于门。至夜，蕡烛糁盆，红映霄汉，爆竹鼓吹之声，喧阗彻夜，谓之“聒厅”。小儿女终夕博戏不寐，谓之“守岁”。又明灯床下，谓之“照虚耗”。及贴天行贴儿、财门于楣。祀

腊月二十四日这一天，叫作“交年”。用花糖、米饵和烧纸人的方式祭祀灶王爷，以及煮红豆粥，叫作“口数”。市井之间盛迎傩戏，为了乞求有益于市井，敲着锣鼓在各户人家门口走个遍。到除夕这天，则家家户户都用五色纸钱、酒果，在家门口迎送六神。到了晚上，点蕡烛烧松盆，火光映红了夜空，爆竹鼓吹的声音，响彻整个夜晚，这叫作“聒厅”。年

先之礼，则或昏或晓，各有不同。如饮屠苏、百事吉、胶牙饧、烧术、卖懵等事，率多东都之遗风焉。守岁之词虽多，极难其选，独杨守斋《一枝春》，最为近世所称，并书于此云："爆竹惊春，竞喧阗、夜起千门箫鼓。流苏帐，翠鼎缓腾香雾。停杯未举。奈刚要、送年新句。应自赏、歌字清圆，未夸上林莺语。　　从他岁穷日暮。纵闲愁、怎减刘郎风度。屠苏办了，迤逦柳忺梅妒。宫壶未晓，早骄马、绣车盈路。还又把、月夕花朝，自今细数。"

轻的子女整夜都在玩赌输赢的游戏，这叫作"守岁"。又在床下点上灯火，这叫作"照虚耗"。在门头上贴上驱赶天花等瘟疫的帖儿、祈求吉利的财门。祭祀祖先的礼仪，则有的在黄昏之时举办，有的在天刚亮之时举办，各有不同。如喝屠苏酒、百事吉结子、吃麦芽糖、烧术树节草木、卖痴呆等事，基本上都是沿照东都洛阳的风俗。守岁的诗词即便很多，也是极难选择，唯独杨守斋（杨缵）的《一枝春》最为近世人所称道，一并写在这："爆竹惊春，竞喧阗、夜起千门箫鼓。流苏帐，翠鼎缓腾香雾。停杯未举，奈刚要、送年新句。应自赏，歌字清圆，未夸上林莺语。　　从他岁穷日暮。纵闲愁、怎减刘郎风度。屠苏办了，迤逦柳忺梅妒。宫壶未晓，早骄马、绣车盈路。还又把、月夕花朝，自今细数。"

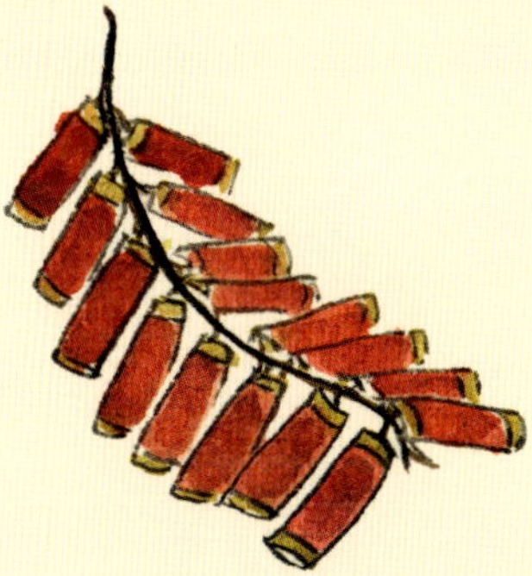

卷肆

故都宫殿

·原文·

门：丽正（南门）、和宁（北门）、东华（东门）、西华（西门）、苑东、苑西、北宫、南宫、南水门、东水门、会通、上阁、宣德、隔门、斜门、关门、玉华阁、含和、贻谟（二门系天章阁）。

殿：垂拱（常朝四参）、文德（六参、宣布）、大庆（明堂朝贺）、紫宸（上寿）、集英（策士）。以上谓之“正朝”，亦有随事更名者。

后殿：延和（宿斋、避殿）、崇政（即祥曦）、福宁（寝殿）、复古（高宗建）、选德（孝宗建。御屏有监司、

·译文·

门：丽正（南门）、和宁（北门）、东华（东门）、西华（西门）、苑东、苑西、北宫、南宫、南水门、东水门、会通、上阁、宣德、隔门、斜门、关门、玉华阁、含和、贻谟（二门系天章阁）。

殿：垂拱（常朝四参）、文德（六参、宣布）、大庆（明堂朝贺）、紫宸（上寿）、集英（策士）。以上叫作“正朝”，也有随事改名的。

殿

门

后殿：延和（宿斋、避殿）、崇政（即祥曦）、福宁（寝殿）、复古（高宗建）、选德（孝宗建。御屏有监司、郡守的姓名）、缉熙（理宗建）、熙明（即修政。度宗建）、明华、清燕、膺福、庆瑞（即顺庆。理宗建）、射殿、需云（大燕）、符宝（贮恭膺天命之宝）、嘉明（度宗时改为绎己堂）、明堂（即文德，合祭时改名）、坤宁（皇后）、秾华（皇后）、慈明（杨太后。累朝母后都随之更名）、慈元（谢太后）、仁明（全太后）、进食（即勤政）、钦先（神御）、孝思（神御）、清华。

堂：翠寒（高宗用日本罗木建制而成，有数十株古松树）、澄碧（观堂）、芳春、凌寒、钟美（牡丹）、灿锦（海棠）、

郡守姓名）、缉熙（理宗建）、熙明（即修政。度宗建）、明华、清燕、膺福、庆瑞（即顺庆。理宗改）、射殿、需云（大燕）、符宝（贮恭膺天命之宝）、嘉明（度宗以绎己堂改）、明堂（即文德，合祭改）、坤宁（皇后）、稼华（皇后）、慈明（杨太后。累朝母后皆旋更名）、慈元（谢太后）、仁明（全太后）、进食（即勤政）、钦先（神御）、孝思（神御）、清华。

堂：翠寒（高宗以日本罗木建，古

后殿

燕喜、静华、清赏、稽古（御书院）、清远、清彻、澄碧（水堂）、蕊渊、环秀（山堂）、文囿（御书院）、书林（御书院）、华馆、衍秀、披香、德勤、云锦（荷堂。李阳冰书写匾额）、清霁、萼绿华（梅堂。李阳冰书写匾额，度宗改名为“琼姿”）、碧琳、凝光、澄辉、绣香、呈芳、会景（有青花石柱，香楠袱额，由玛瑙石砌造）、正始（后殿。谢后改为“寿宁殿”）、怡然（惠顺位）、信美（婉容位）。

斋：损斋（高宗建）、彝斋、谨习斋、燕申斋。

楼：博雅（书楼）、观德、万景、清暑、清美、明远、倚香。

阁：龙图（太祖、太宗）、天章（真宗。并作为祭祀祖宗神御的地方）、宝文（仁宗）、显谟（神宗）、徽猷（哲宗）、敷文（徽宗）、焕章（高宗）、华文（孝宗）、宝谟（光宗）、宝章（宁宗）、

松数十株）、澄碧（观堂）、芳春、凌寒、钟美（牡丹）、灿锦（海棠）、燕喜、静华、清赏、稽古（御书院）、清远、清彻、澄碧（水堂）、蕊渊、环秀（山堂）、文囿（御书院）、书林（御书院）、华馆、衍秀、披香、德勤、云锦（荷堂。李阳冰书扁）、清霁、萼绿华（梅堂。李阳冰书额，度宗易名琼姿）、碧琳、凝光、澄辉、绣香、呈芳、会景（青花石柱，香楠袱额，玛瑙石砌）、　正始（后

殿。谢后改寿宁殿）、怡然（惠顺位）、信美（婉容位）。

斋：损斋（高宗建）、彝斋、谨习斋、燕申斋。

楼：博雅（书楼）、观德、万景、清暑、清美、明远、倚香。

阁：龙图（太祖、太宗）、天章（真宗。并祀祖宗神御）、宝文（仁宗）、显谟（神宗）、徽猷（哲宗）、敷文（徽宗）、焕章（高宗）、华文（孝宗）、宝谟（光宗）、宝章（宁宗）、显文（理

楼

显文（理宗）、云章（度宗御书）、清华、凌虚、清漏、倚桂、来凤、观音、芙蓉、万春（太后殿）。

台：钦天（奉天）、宴春、秋芳、天开图画、舒啸、跄台。

轩：晚清。

阁：清华、睿思、怡真、容膝、受釐、绿绮。

观：云涛。

亭：清凉、清趣、清颢、清晖、清迴、清隐、清寒、清漱（放水）、清玩、清兴、静香、静华、春妍、春华、春阳、春信（梅）、融春、寻春、映春、余春、留春、皆春、寒碧、寒香、香琼、香玉（梅）、香界、碧岑、滟碧（鱼池）、琼英、琼秀、明秀、濯秀、衍秀、深秀（假山）、锦烟、锦浪（桃花）、绣锦、万锦、丽锦、丛锦、照妆（海棠）、浣绮、缀金（橙橘）、缀琼（梨花）、

宗）、云章（度宗御书）、清华、凌虚、清漏、倚桂、来凤、观音、芙蓉、万春（太后殿）。

台：钦天（奉天）、宴春、秋芳、天开图画、舒啸、跄台。

轩：晚清。

阁：清华、睿思、怡真、容膝、受釐、绿绮。

观：云涛。

亭：清凉、清趣、清颢、清晖、清迥、清隐、清寒、清激（放水）、清玩、清兴、静香、静华、春妍、春华、春阳、春信（梅）、融春、寻春、映春、余春、留春、皆春、寒碧、寒香、香琼、香玉（梅）、香界、碧岑、滟碧（鱼池）、琼英、琼秀、明秀、濯秀、衍秀、深秀（假山）、锦烟、锦浪

秾香、暗香、晚节香（菊）、岩香（桂）、云岫（山亭）、映波、含晖、达观、秀野、凌寒（梅竹）、涵虚、平津、真赏、芳远、垂纶（近池）、鱼乐（池上）、喷雪（放水）、流芳、芳屿（山子）、玉质、此君（竹）、聚芳、延芳、兰亭、激湍、崇峻、惠和、浮醴、泛羽（并流杯亭）、凌穹（山顶）、迎熏、会英、正己（射亭）、丹晖、凝光、雪径（梅）、参月、共乐、迎祥、莹妆、植杖（村庄）、可乐、文杏、

台

（桃花）、绣锦、万锦、丽锦、丛锦、照妆（海棠）、浣绮、缀金（橙橘）、缀琼（梨花）、秾香、暗香、晚节香（菊）、岩香（桂）、云岫（山亭）、映波、含晖、达观、秀野、凌寒（梅竹）、涵虚、平津、真赏、芳远、垂纶（近池）、鱼乐（池上）、喷雪（放水）、流芳、芳屿（山子）、玉质、此君（竹）、聚芳、延芳、兰亭、激湍、崇峻、惠和、浮醴、泛羽（并流杯亭）、凌穹（山顶）、迎熏、会英、正己（射亭）、丹晖、凝光、雪径（梅）、参月、共乐、迎祥、莹妆、植杖（村庄）、可乐、文杏、壶中天、别是一家春（度宗新创。或谓此非佳谶也，未几果验）。

壶中天、别是一家春（度宗新创。有人说这不是佳谶，没过多久果然得到验证）。

园：小桃源（观桃）、杏坞、梅冈、瑶圃、村庄、桐木园。

庵：寂然、怡真。

坡：玛瑙、洗马。

桥：万岁、清平、春波、玉虹。

泉：穗泉。

御舟：兰桡、荃桡、旱船。

教场：南教场、北教场。

宫内及德寿宫都有大龙池、万岁山，模仿西湖冷泉、飞来峰，如亭榭之繁盛，御舟之华丽，则不是宫外可以比拟的。春天时分在大龙池竞渡及买卖各色的小船，就像在西湖一样，

园：小桃源（观桃）、杏坞、梅冈、瑶圃、村庄、桐木园。

庵：寂然、怡真。

坡：玛瑙、洗马。

桥：万岁、清平、春波、玉虹。

泉：穗泉。

御舟：兰桡、荃桡、旱船。

教场：南教场、北教场。

禁中及德寿宫皆有大龙池、万岁山，拟西湖冷泉、飞来峰，若亭榭之盛、御舟之华，则非外间可拟。春时竞渡及买卖诸色小舟，并如西湖，驾幸宣唤，锡赉巨万。大意不欲数跸劳民，

故以此为奉亲之娱耳。

御园：聚景园（清波门外，孝宗致养之地，堂匾皆孝宗御书。淳熙中，屡经临幸；嘉泰间，宁宗奉成肃太后临幸。其后并皆荒芜不修。高疏寮诗曰："翠华不向苑中来，可是年年惜露台。水际春风寒漠漠，官梅却作野梅开。"）、会芳殿、瀛春堂、揽远堂、芳华堂、花光亭（八角）、瑶津、翠光、桂景、滟碧、凉观、琼芳、彩霞、寒碧、柳浪桥、学士桥、玉津园（嘉会门外。绍兴间，北使燕射于此；淳熙中，孝宗两幸；绍熙中，光宗临幸）、富景园（新门外。孝宗奉太后临幸不一。俗呼东花园）、屏山园（钱湖门外。以对南屏山，故名。理宗朝改名翠芳园。余见西湖门）、玉壶园（钱

皇帝游玩宣唤，赏赐极多。大概是不想皇帝出游时清道戒严、劳民伤财，所以用大龙池、万岁山来作为侍奉双亲的娱玩之地。

御园：聚景园（清波门外孝宗奉亲养老的地方，堂匾都是宋孝宗御书。淳熙年间，孝宗皇帝经常来这游玩。嘉泰年间，宁宗奉成肃太后来这游玩。后来都荒废了。高疏寮诗说："翠华不向苑中来，可是年年惜露台。水际春风寒漠漠，官梅却作野梅开。"）、会芳殿、瀛春堂、揽远堂、芳华堂、花光亭（八角）、瑶津、翠光、桂景、滟碧、凉观、琼芳、彩霞、寒碧、柳浪桥、学士桥、玉津园（在嘉会门外。绍兴年间，北国使者在这进行燕射活动；淳熙年间，孝宗两次来这游玩。绍熙时期，光宗来这游玩）、富景园（在新门外。孝宗奉太后不止一次来这游玩。俗称"东花园"）、屏山园（在钱湖门外。因为面对着南屏山，所以叫这名字。理宗

塘门外。本刘鄜王园，有明秀堂。余见西湖门）、琼华园、小隐园、集芳园（葛岭。元系张婉仪园，后归太后。殿内有古梅老松甚多。理宗赐贾平章。旧有清胜堂、望江亭、雪香亭等。余见西湖门）、延祥园（西依孤山，为林和靖故居，花寒水洁，气象幽古。三朝临幸。余见西湖门）、瀛屿（在孤山之椒。旧名凉堂，四壁萧照画山水，理宗易今名。今为西太乙宫黄庭殿）、挹翠堂（旧名黑漆堂，理宗御书）、香远（旧秀莲亭）、香月（倚里湖，旧名水堂，理宗御书）、清新（旧六椽堂）、白莲堂、六一泉堂、桧亭、梅亭、上船亭、东西车马门、西村水阁、御舟港、林逋墓、陈朝桧（有御书诗）、金沙井、玛瑙坡、六一泉。

朝改名为“翠芳园”。其余见西湖门介绍）、玉壶园（在钱塘门外。本是刘鄜王的园子，有明秀堂。其余见西湖门介绍）、琼华园、小隐园、集芳园（在葛岭。原来是张婉仪的园子，后来归太后所有。殿内有很多古梅、老松。理宗时，把这院子赏赐给了贾平章。以前有清胜堂、望江亭、雪香亭等。其余见西湖门介绍）、延祥园（西依孤山，是林和靖的故居。花寒水洁，气象幽古。三朝皇帝都经常来这游玩。其余见西湖门介绍）、瀛屿（在孤山山顶。旧名叫“凉堂”。它的墙壁四周有萧照所画山水图。理宗改为现在的名字。现为西太乙宫黄庭殿）、挹翠堂（旧名叫“黑漆堂”。理宗御书）、香远（旧秀莲亭）、香月（倚里湖，旧名叫“水堂”，理宗御书）、清新（旧六椽堂）、白莲堂、六一泉堂、桧亭、梅亭、上船亭、东西车马门、西村水阁、御舟港、林逋墓、陈朝桧（有御书诗）、

高疏寮诗云："水明一色抱神州，雨压轻尘不敢浮。山北山南人唤酒，春前春后客凭楼。射熊馆暗花扶扆，下鹄池深柳拂舟。白发邦人能道旧，君王曾奉上皇游。"

德寿宫（孝宗奉亲之所）：聚远楼（高宗雅爱湖山之胜，恐数跸烦民，乃于宫内凿大池，引水注之，以象西湖冷泉；叠石为山，作飞来峰。因取坡诗"赖有高楼能聚远，一时收拾与闲人"名之。周益公进端午帖子云："聚远楼高面面风，冷泉亭下水溶溶。人间炎热何由到，真是瑶台第一重。"孝宗御制《冷泉堂》诗以进，高宗和韵，真盛事也）、香远堂（荷）、清深堂（竹）、松菊三径（菊、芙蓉、竹）、梅坡、月榭、清妍（荼蘼）、清新（桂）、

金沙井、玛瑙坡、六一泉。

高疏寮（高似孙）诗说："水明一色抱神州，雨压轻尘不敢浮。山北山南人唤酒，春前春后客凭楼。射熊馆暗花扶扆，下鹄池深柳拂舟。白发邦人能道旧，君王曾奉上皇游。"

德寿宫（孝宗侍奉双亲的地方）：聚远楼（宋高宗雅爱湖山名胜，又怕多次出游劳烦民众，于是在宫内凿大池，引水注入，为了像西湖冷泉；叠石为山，作飞来峰，因而取苏东坡的诗句"赖有高楼能聚远，一时收拾与闲人"来给它命名。周益公（周必大）进奉端午帖子说："聚远楼高面面风，冷泉亭下水溶溶。人间炎热何由到，真是瑶台第一重。"孝宗御制《冷泉堂》诗进奉，高宗和韵，真是一件盛事啊）、香远堂（荷）、清深堂（竹）、松菊三径（菊、芙蓉、竹）、梅坡、月榭、清妍（荼蘼）、清新（桂）、

芙蓉冈。（已上并东地分。）射厅、载忻堂（御宴之所）、临赋（荷池）、粲锦（金林檎）、至乐（池上）、清旷（桂）、半绽红（郁李）、泻碧（金鱼池）。（已上并南地分。）冷泉堂（古梅）、文杏馆、静乐（牡丹）、浣溪（海棠）。（已上并西地分。）绛华（罗木堂）、旱船、俯翠（茅亭）。（已上并北地分。）重华宫（孝宗内禅所居，即德寿宫）、慈福宫（宪圣书，成二太后所居，即重华宫）、寿慈宫（即慈福宫。初改重寿殿）。

东宫：资善堂、凤山楼、荣观堂、玉渊堂、清赏堂、新益堂、绎己堂、射圃。

芙蓉冈。（以上都分布在东边。）射厅、载忻堂（皇帝宴席的地方）、临赋（荷池）、粲锦（金林檎）、至乐（池上）、清旷（桂）、半绽红（郁李）、泻碧（金鱼池）。（以上都分布在南边。）冷泉堂（古梅）、文杏馆、静乐（牡丹）、浣溪（海棠）。（以上都分布在西边。）绛华（罗木堂）、旱船、俯翠（茅亭）。（以上都分布在北边。）重华宫（孝宗传位给内定的继承人后所居住的地方，即德寿宫）、慈福宫（高宗吴皇后书，成恭、成肃太后所居住的地方，即重华宫）、寿慈宫（即慈福宫。改为重寿殿）。

东宫：资善堂、凤山楼、荣观堂、玉渊堂、清赏堂、新益堂、绎己堂、射圃。

乾淳教坊乐部

·原文·

杂剧色

德寿宫：刘景长（使臣）、王喜（保义郎，头名都管使臣，又名公谨，号玩隐老人）、茅山重（茅牙头）、盖门贵、盖门庆（末）、侯谅（侯大头，次末）、张顺、曹辛、宋兴（燕子头）、李泉现（引兼舞三台）。

衙前：龚士美（使臣都管）、刘恩深（都管）、陈嘉祥（节

·译文·

杂剧色

德寿宫：刘景长（使臣）、王喜（保义郎，头名都管使臣，又叫公谨，号玩隐老人）、茅山重（茅牙头）、盖门贵、盖门庆（末）、侯谅（侯大头，次末）、张顺、曹辛、宋兴（燕子头）、李泉现（引兼舞三台）。

衙前：龚士美（使臣都管）、刘恩深（都管）、陈嘉祥（节级）、吴兴祐（德寿宫引兼舞三台）、吴斌、金彦（管干教头）、王青、孙子贵（引）、潘浪贤（引兼末部头）、王赐恩（引）、胡庆全（蜡烛头）、周泰（次）、郭名显（引）、宋定（次德寿宫蚌蛤头）、刘信（副部头）、成贵（副）、陈烟息（副大口）、王侯喜（副）、孙子昌（副末节级）、焦金色、杨名高（末）、宋昌荣（副欢喜头）。

级）、吴兴祐（德寿宫引兼舞三台）、吴斌、金彦（管干教头）、王青、孙子贵（引）、潘浪贤（引兼末部头）、王赐恩（引）、胡庆全（蜡烛头）、周泰（次）、郭名显（引）、宋定（次德寿宫蚌蛤头）、刘信（副部头）、成贵（副）、陈烟息（副大口）、王侯喜（副）、孙子昌（副末节级）、焦金色、杨名高（末）、宋昌荣（副，欢喜头）。

前教坊：伊朝新、王道昌。

前钧容直：忤谷丰（五味粥）、李外喜。

和顾：刘庆（次刘衮）、梁师孟、朱和（次贴衙前鳝鱼头）、宁贵（宁镢）、蒋宁（次贴衙前利市头）、司进（丝瓜儿）、

郝成（次衙前小锹）、高门兴、高门显（羔儿头）、高明（灯搭儿）、刘贵、段世昌（段子贵）、司政（仙鹤儿）、张舜朝、赵民欢、龚安节、严父训、宋朝清、宋昌荣（二名守衙前）、周旺（丈八头）、下畴、宋吉、伊俊、汪泰、王原全（次贴衙前）、王景、郑乔、王来宣、张显（守阙祇应黑俏）、焦喜（焦梅头）。

歌板色

德寿宫：李行高（笛兼）。

衙前：王信（拍兼）。

拍板色（衙前笛色，王均；觱篥色，郑彦；周贤良，兼拍板）

前教坊：伊朝新、王道昌。

前钧容直：忤谷丰（五味粥）、李外喜。

和顾：刘庆（次刘衮）、梁师孟、朱和（次贴衙前鳝鱼头）、宁贵（宁镢）、蒋宁（次贴衙前利市头）、司进（丝瓜儿）、郝成（次衙前小锹）、高门兴、高门显（羔儿头）、高明（灯搭儿）、刘贵、段世昌（段子贵）、司政（仙鹤儿）、张舜朝、赵民欢、龚安节、严父训、宋朝清、宋昌荣（二名守衙前）、周旺（丈八头）、下畴、

德寿宫：刘益（使臣）、谢春泽。

衙前：吴兴祖（节级）、赵永（部头）、花成、时世俊（守阙节级）。

前钧容直：崔喜。

琵琶色（衙前豪师古兼琵琶）

德寿宫：胡永年（武

宋吉、伊俊、汪泰、王原全（次贴衙前）、王景、郑乔、王来宣、张显（守阙祗应黑俏）、焦喜（焦梅头）。

歌板色

德寿宫：李行高（笛兼）。

衙前：王信（拍兼）。

拍板色（衙前笛色，王均；觱篥色，郑彦；周贤良、兼拍板）

德寿宫：刘益（使臣）、谢春泽。

衙前：吴兴祖（节级）、赵永（部头）、花成、时世俊（守阙节级）。

前钧容直：崔喜。

琵琶色（衙前豪师古兼琵琶）

德寿宫：胡永年（武功大夫）、谢圣泽。

功大夫）、谢圣泽。

衙前：焦进（部头）、赵昌祖、段从善。

和顾：吴良辅、豪士英、曹彦国。

箫色

衙前：曾延庆（部头）、刘珣、周济（部头）。

和顾：朱世良（兼筝）、王谨、刘宗旺、周亨、陈龠。

嵇琴色

德寿宫：曹友闻（承节郎守阙都管）。

衙前：杨春和（人员守阙都管）、

衙前：焦进（部头）、赵昌祖、段从善。

和顾：吴良辅、豪士英、曹彦国。

箫色

衙前：曾延庆（部头）、刘珣、周济（部头）。

和顾：朱世良（兼筝）、王谨、刘宗旺、周亨、陈龠。

嵇琴色

德寿宫：曹友闻（承节郎守阙都管）。

衙前：杨春和（人员守阙都管）、魏国忠（节级兼舞）、孙良佐、石俊、冯师贤。

和顾：刘运成、赵进（杖鼓兼）、惠和、冯师贤、王处仁。

筝色

德寿宫：朱邦直（忠训郎）。

魏国忠（节级兼舞）、孙良佐、石俊、冯师贤。

和顾：刘运成、赵进（杖鼓兼）、惠和、冯师贤、王处仁。

筝色

德寿宫：朱邦直（忠训郎）。

衙前：张行福（部头）、豪士良、高俊。

前教坊：聂庭俊。

前钧容直：李吉。

笙色

德寿宫：汤士成、孙显祖。

衙前：宋世宁（节级）、豪师古（兼琵琶）、傅诏（管干人）、

衙前：张行福（部头）、豪士良、高俊。

前教坊：聂庭俊。

前钧容直：李吉。

笙色

德寿宫：汤士成、孙显祖。

衙前：宋世宁（节级）、豪师古（兼琵琶）、傅诏（管干人）、邓孝仁、赵福（兼德寿宫）。

前钧容直：吴胜。

邓孝仁、赵福（兼德寿宫）。

前钧容直：吴胜。

前教坊：刘永显。

和顾：张世荣、康彦和、王兴祖。

觱篥色

德寿宫：田正德（教坊大使）、鞠思忠、孙庆祖、刘舜俞、陈永良。

衙前：李祥（守阙节级）、仇彦（节级）、王恩（节级）、李和（部头）、时世荣（部头）、王正德、王道和、慢守恭、李遇、金宗信（兼德寿宫）、郑彦（兼拍板）、张匀、刘道、朱贵（管

前教坊：刘永显。

和顾：张世荣、康彦和、王兴祖。

觱篥色

德寿宫：田正德（教坊大使）、鞠思忠、孙庆祖、刘舜俞、陈永良。

衙前：李祥（守阙节级）、仇彦（节级）、王恩（节级）、李和（部头）、时世荣（部头）、王正德、王道和、慢守恭、李遇、金宗信（兼德寿宫）、郑彦（兼

干人）、曹彦兴、吴良佐、孟诚、陈祐、丘彦（管干人）、邓孝元、王永、周贤良（兼拍板）、陈师授（兼德寿宫）、陈永良（兼德寿宫）。

前教坊：戚兴道、李彦美、郭席珍。

前钧容直：王宣、唐政。

和顾：于庆（兼舞）、冯宣、王椿、倪润、李祥（守阙

拍板）、张匀、刘道、朱贵（管干人）、曹彦兴、吴良佐、孟诚、陈祐、丘彦（管干人）、邓孝元、王永、周贤良（兼拍板）、陈师授（兼德寿宫）、陈永良（兼德寿宫）。

前教坊：戚兴道、李彦美、郭席珍。

前钧容直：王宣、唐政。

和顾：于庆（兼舞）、冯宣、王椿、倪润、李祥（守阙节级）、陈继祖、季伦、张彦明、陈良畴、冯异、商翼、时世显、王文信、王延庆、谢润、张荣（第三名守阙衙前）、时显祖、费仍裕、任再兴、李乐正、蔡邦彦、郑彬、时允恭、金润、王寿、王思齐、于成、孙良辅、崔显、卢茂春、王师忠、宋康宁、张端、顾宣、王仲礼、郭达宗、刘顺（守阙衙前）。

节级）、陈继祖、季伦、张彦明、陈良畴、冯异、商翼、时世显、王文信、王延庆、谢润、张荣（第三名守阙衙前）、时显祖、费仍裕、任再兴、李乐正、蔡邦彦、郑彬、时允恭、金润、王寿、王思齐、于成、孙良辅、崔显、卢茂春、王师忠、宋康宁、张端、顾宣、王仲礼、郭达宗、刘顺（守阙衙前）。

笛色

德寿宫：元守正（忠翊郎）、孙福（使臣）、孙继祖、张行谨。

衙前都管：孙福（使臣）、朱榛（人员守阙都管）、张守忠（节级）、杨胜（节级）、王喜（节级）、张师孟（部头）、岳兴（部头）、李智友、段从礼、朱顺、陈俊、雷兴祖、王仕宁、时宝（部

笛色

德寿宫：元守正（忠翊郎）、孙福（使臣）、孙继祖、张行谨。

衙前都管：孙福（使臣）、朱榛（人员守阙都管）、张守忠（节级）、杨胜（节级）、王喜（节级）、张师孟（部头）、岳兴（部头）、李智友、段从礼、朱顺、陈俊、雷兴祖、王仕宁、时宝（部头兼德寿宫）、孙进、郭彦、杨选（兼德寿宫）、金仪、赵俊（守阙节级）、赵顺、

头兼德寿官）、孙进、郭彦、杨选（兼德寿官）、金仪、赵俊（守阙节级）、赵顺、杨元庆、时定、赵兴祖、阴显祖、丘遇、徐识、孙显、王筠（兼德寿宫拍板）、张荣、郭亨、元舜道。

前教坊：金宗训、俞德、谢祖良、曾延广、李进。

前钧容直：王喜、俞德、冀恩。

和顾：张亿、茆庆、张师颜、刘国臣、赵昌、张广、元舜臣、沈琮（杖

杨元庆、时定、赵兴祖、阴显祖、丘遇、徐识、孙显、王筠（兼德寿宫拍板）、张荣、郭亨、元舜道。

前教坊：金宗训、俞德、谢祖良、曾延广、李进。

前钧容直：王喜、俞德、冀恩。

和顾：张亿、茆庆、张师颜、刘国臣、赵昌、张广、元舜臣、沈琮（杖鼓）、胡良臣、王师仲、徐亨、张义、林显、郑青、陈士恭、巫彦、朱世荣、朱绍祖、翟义、张孝恭、汪定、费兴、李升、冯士恭、陈宝、杨善、尹师授、张介、贺宣、朱荣、朱元（守阙衙前）、轩定（鼓板）、张成（鼓板）、阎兴（鼓板）、王和（鼓板）、陈焕、张世亨、许珍、张渊、孙显宗、崔成（守阙衙前）。

鼓）、胡良臣、王师仲、徐亨、张义、林显、郑青、陈士恭、巫彦、朱世荣、朱绍祖、翟义、张孝恭、汪定、费兴、李升、冯士恭、陈宝、杨善、尹师授、张介、贺宣、朱荣、朱元（守阙衙前）、轩定（鼓板）、张成（鼓板）、阎兴（鼓板）、王和（鼓板）、陈焕、张世亨、许珍、张渊、孙显宗、崔成（守阙衙前）。

方响色

德寿宫：齐宣、田世荣。

方响色

德寿宫：齐宣、田世荣。

衙前：葛元德（部头）、于喜、齐宗亮（管干人）。

前钧容直：高福。

和顾：马重荣、尹朝、于通、刘才高。

杖鼓色

德寿宫：张名高、孟清。

衙前：高宣（节级）、时思俊（守阙节级部头兼板）、程盛、齐喜、孟文叔（守阙节级）、时和、邓友端、徐宗旺、呈兴福（兼德寿宫）、邓世荣、张兴禄（管干人）、叶喜（兼德寿宫）。

前教坊：鞠端。

前钧容直：阎兴、邢智。

衙前：葛元德（部头）、于喜、齐宗亮（管干人）。

前钧容直：高福。

和顾：马重荣、尹朝、于通、刘才高。

杖鼓色

德寿宫：张名高、孟清。

衙前：高宣（节级）、时思俊（守阙节级部头兼板）、程盛、齐喜、孟文叔（守阙节级）、时和、邓友端、徐宗旺、吴兴福（兼德寿宫）、邓世荣、张兴禄（管干人）、叶喜（兼德寿宫）。

前教坊：鞠端。

前钧容直：阎兴、邢智。

和顾：张士成、张润、张义、张世昌、张世显、孙荣、段锦新、

和顾：张士成、张润、张义、张世昌、张世显、孙荣、段锦新、蔡显忠、齐宗景、郭兴祖、时康宁、高润、张皋、傅良佐、李晋臣、思芸、范琦、段锦。

大鼓色

德寿宫：张佑、李吉。

衙前：董福（部头）、李进、周均（小唱）、张佑（兼德寿宫）。

和顾：赵庆（鼓儿）、刘成、孙成（鼓儿。习学大鼓）、王富（勾般。习学大鼓）、尹师聪（鼓儿）、张守道（唱道情）、张升（鼓儿）、宋棠（掌

蔡显忠、齐宗景、郭兴祖、时康宁、高润、张皋、傅良佐、李晋臣、思芸、范琦、段锦。

大鼓色

德寿宫：张佑、李吉。

衙前：董福（部头）、李进、周均（小唱）、张佑（兼德寿宫）。

和顾：赵庆（鼓儿）、刘成、孙成（鼓儿习学大鼓）、王富（勾般习学大鼓）、尹师聪（鼓儿）、张守道（唱道情）、张升（鼓儿）、宋棠（掌仪下书写文字）、喻祥（小唱）、钱永（守阙衙前）。

仪下书写文字）、喻祥（小唱）、钱永（守阙衙前）。

舞旋（嵇琴，魏国忠；琵琶，豪士英并兼舞三台）

德寿宫：刘良佐（武德郎）。

御前：杜士康。

和顾：于庆。

杂剧三甲

刘景长一甲八人：戏头李泉现，引戏吴兴祐，次净茆山重、侯谅、周泰，副末王喜，装旦孙子贵。

盖门庆进香一甲五人：戏头孙子贵、引戏吴兴祐、次净侯谅、副末王喜。

内中祗应一甲五人：戏头孙子贵、引戏潘浪贤、次净刘衮、

舞旋（嵇琴，魏国忠；琵琶，豪士英并兼舞三台）

德寿宫：刘良佐（武德郎）。

御前：杜士康。

和顾：于庆。

杂剧三甲

刘景长一甲八人：戏头李泉现，引戏吴兴祐，次净茆山重、侯谅、周泰，副末王喜，装旦孙子贵。

盖门庆进香一甲五人：戏头孙子贵、引戏吴兴祐、次净侯谅、副末王喜。

内中祇应一甲五人：戏头孙子贵、引戏潘浪贤、次净刘衮、副末刘信。

副末刘信。

潘浪贤一甲五人：戏头孙子贵、引戏郭名显、次净周泰、副末成贵。

筑球三十二人

左军一十六人：球头张俊、跷球王怜、正挟朱选、头挟施泽、左竿网丁诠、右竿网张林、散立胡椿等。

右军一十六人：球头李正、跷球朱珍、正挟朱选、副挟张宁、左竿网徐宾、右竿网王用、散立陈俊等。

杂班：双头侯谅、散耍刘衮、

潘浪贤一甲五人：戏头孙子贵、引戏郭名显、次净周泰、副末成贵。

筑球三十二人

左军一十六人：球头张俊、跷球王怜、正挟朱选、头挟施泽、左竿网丁诠、右竿网张林、散立胡椿等。

右军一十六人：球头李正、跷球朱珍、正挟朱选、副挟张宁、左竿网徐宾、右竿网王用、散立陈俊等。

杂班：双头侯谅，散耍刘衮、刘信。

刘信。

小乐器：嵇琴曹友闻、箫管孙福、篥刘运成、拍侯谅。

鼓板

衙前一火：鼓儿尹师聪、拍张顺、笛杨胜、张师孟。

和顾二火：笛张成（老僧）、阎俊（望伯）、张喜、鼓儿张升、笛王和（小四）、鼓儿孙成（换僧）、拍张荣（狗儿）。

马后乐

拍板：吴兴祖。

小乐器：嵇琴曹友闻、箫管孙福、篆刘运成、拍侯谅。

鼓板

衙前一火：鼓儿尹师聪，拍张顺，笛杨胜，张师孟。

和顾二火：笛张成（老僧）、阎俊（望伯）、张喜、鼓儿张升、笛王和（小四）、鼓儿孙成（换僧）、拍张荣（狗儿）。

马后乐

拍板：吴兴祖。

觱篥：田正德、孙庆祖、陈师授。

笛：孙福、时宝、元守正。

提鼓：孙子贵、札子、孟清、时世俊、高宣、吴兴福、张兴禄。

觱篥：田正德、孙庆祖、陈师授。

笛：孙福、时宝、元守正。

提鼓：孙子贵、札子、孟清、时世俊、高宣、吴兴福、张兴禄。

内中上教博士

王喜、刘景长、曹友闻、朱邦直、孙福、胡永年（各支月银一十两）。

杂剧：王喜、侯谅、吴兴福、吴兴祐、刘景长、张顺。

拍板：田正德、谢春泽。

琵琶：胡永年。

内中上教博士

王喜、刘景长、曹友闻、朱邦直、孙福、胡永年（各支月银一十两）。

杂剧：王喜、侯谅、吴兴福、吴兴祐、刘景长、张顺。

拍板：田正德、谢春泽。

琵琶：胡永年。

舞：刘良佐。

嵇琴：曹友闻、杨春和。

筝：朱邦直。

方响：齐宣。

舞：刘良佐。

嵇琴：曹友闻、杨春和。

筝：朱邦直。

方响：齐宣。

笙：汤士成。

篥：刘运成。

觱篥：孙庆祖。

笛：孙福、时宝。

掌仪范等合干人

掌仪范：朱邦直、曹友闻、元守正、孙福、朱榛（守阙）。

笙：汤士成。

篥：刘运成 。

觱篥：孙庆祖。

笛：孙福、时宝。

掌仪范等合干人

掌仪范：朱邦直、曹友闻、元守正、孙福、朱榛（守阙）。

衙前都管：刘恩深、孙福、王公谨（守阙）。

管干教头：朱贵、张兴禄、丘彦、傅绍、齐宗亮。

逐色部头：刘信、赵永、焦进、周济、杨春和、宋世宁、李和、时世荣、时宝、岳兴、葛元德、高宣、董福、时世俊、杜士康、潘浪贤。

衙前都管：刘恩深、孙福、王公谨（守阙）。

管干教头：朱贵、张兴禄、丘彦、傅绍、齐宗亮。

逐色部头：刘信、赵永、焦进、周济、杨春和、宋世宁、李和、时世荣、时宝、岳兴、葛元德、高宣、董福、时世俊、杜士康、潘浪贤。

卷伍

湖山胜概（节选）

原文

南山路（自丰乐楼南，至暗门钱湖门外，入赤山烟霞石屋止。南高峰、方家峪、大小麦岭并附于此）

丰乐楼（旧为众乐亭，又改耸翠楼，政和中改今名。淳祐间，赵京尹与𥲅重建，宏丽为湖山冠。又凿月池，立秋千、梭门，植花木、构数亭，春时游人繁盛，旧为酒肆，后以学馆致争，但为朝绅同年会拜乡会之地）。

方家峪（自方家峪至冷水峪、慈云岭泥路，嘉会门外至大慈山、龙山）

译文

南山路（从丰乐楼南边，到暗门钱湖门外，进入赤山烟霞石屋为止。南高峰、方家峪、大小麦岭一并附在这里）

丰乐楼（以前叫“众乐亭”，又改为“耸翠楼”，政和年间改为现在的名字。淳祐年间，赵京尹与𥲅重建，在湖山之中最为恢宏华丽。又挖掘月池，立秋千、梭门，种植花木，构筑一些亭子，春天时游人繁盛，以前是酒肆，后改建为学馆引起争议，只是作为朝廷大臣同年会拜会乡友的场所。）

方家峪（从方家峪到冷水峪、慈云岭泥路，嘉会门外到大慈山、龙山）

遇真道院、悟真道院、崇真道院、广教院（号

遇真道院、悟真道院、崇真道院、广教院（号小南屏）、褒亲崇寿寺（在凤凰山。刘贵妃功德，有凤凰泉、瑞应泉、松云亭、观音洞、笔架池、偃松、交枝桧。三门有陈公储画龙，甚奇）。

小麦岭（饮马桥前后巷至龙井，止九溪十八涧）

道人山（有石洞）、饮马桥（地名放马场）、旌德显庆教寺（咸淳甲戌冬，改旌德袭庆。慈明太后香火。方丈有轩，曰云扉；后山有泉石甚奇，曰林泉。有清壑、凝紫、静云等储亭）。

大麦岭

法空寺（旧名资庆）、南资圣院（濮王坟）、花家山、净安院（内侍董宋臣香火）、卢园（内侍卢允升园。景物奇秀，

叫小南屏）、褒亲崇寿寺（在凤凰山。刘贵妃做功德的地方。有凤凰泉、瑞应泉、松云亭、观音洞、笔架池、偃松、交枝桧等景观。三门有陈公储所画的龙，非常奇妙）。

小麦岭（从饮马桥前后巷到龙井为止，共九溪十八涧）

道人山（有石洞）、饮马桥（地名为“放马场”）、旌德显庆教寺（咸淳甲戌年冬天改为“旌德袭庆”。慈明太后供奉香火的地方。方丈所住的地方，叫“云扉”；后山有泉石颇为奇特，叫“林泉”。有请壑、凝紫、静云等各种亭子）。

大麦岭

法空寺（以前叫“资庆”）、南资圣院（濮王坟墓所在地）、花家山、净安院（内侍董宋臣香火）、卢园（内侍卢允升的园子。园内景物奇特秀丽，西湖十景中所谓“花港观鱼”，就是这里）、

西湖十景所谓“花港观鱼”即此处也）、崇真宫（昔为女冠，今为永净尼寺）、茆家步、独角门、净严广报院（内侍董永仲功德）、隆兴庵（杨寺廨院）、黄泥岭、水陆庵（杨寺廨院，后名庆安院）、妙心寺、水竹坞。

西湖三堤路（苏公堤自南新路直至北新路口，小新堤自曲院至马蝗桥）

苏公堤（元祐中，东坡守杭

崇真宫（以前是道宫，现在是永净尼寺）、茆家步、独角门、净严广报院（内侍董永仲功德）、隆兴庵（杨寺廨院）、黄泥岭、水陆庵（杨寺廨院。后叫“庆安院”）、妙心寺、水竹坞。

西湖三堤路（苏公堤从南新路直到北新路口，小新堤从曲院到马蝗桥）

苏公堤（元祐中，苏东坡做杭州太守的时候所构筑，从南到北，横截湖面，夹道种植花柳，堤中有六桥九亭。苏东坡有诗说：“六桥横截天汉上，北山始与南屏通。忽惊二十五万丈，老葑席卷苍烟空。”后来的杭州太守林希为堤署榜：“苏公堤”）。

孤山路

西陵桥（又叫“西林桥”，又称“西泠桥”，又名“西村”）、孤山（以前有柏堂、竹阁、四照阁、巢居阁、林处士庐，现在都

日所筑。起南迄北，横截湖面，夹道杂植花柳，中为六桥九亭。坡诗云：“六桥横截天汉上，北山始与南屏通。忽惊二十五万丈，老葑席卷苍烟空。”后守林希榜之曰苏公堤）。

孤山路

西陵桥（又名西林桥，又

名西泠桥，又名西村）、孤山（旧有柏堂、竹阁、四照阁、巢居阁、林处士庐，今皆不存）、四圣延祥观（有韦太后沉香四圣像、小蓬莱阁、瀛屿堂、金沙井、六一泉。余见御园类）、西太一宫（旧四圣观园，理宗朝建。今黄庭殿，乃昔凉堂也。两壁萧照画尚存。亭馆名并见御园类。弁阳翁诗云："蕊宫广殿号黄庭，突兀浮云最上层。五福贵神留不住，水堂空照九枝灯。"有和靖墓、玛瑙坡、陈朝柏）、四面堂、处士桥（以和靖得名）、涵碧桥、高菊涧墓（名九万，葬孤山后谈家山）、断桥（又名段家桥。万柳如云，望如裙带。白乐天诗云："谁开湖寺西南路，草绿裙腰一带斜"）。

不存在了）、四圣延祥观（有韦太后沉香四圣像、小蓬莱阁、瀛屿堂、金沙井、六一泉。其余见《御园类》）、西太一宫（以前叫四圣观园，理宗朝建造的。现在的黄庭殿，乃是以前的凉堂。两边的墙壁上还保留着萧照的画。亭馆名都可以在《御园类》中见到。弁阳翁（周密）有诗说："蕊宫广殿号黄庭，突兀浮云最上层。五福贵神留不住，水堂空照九枝灯。"有林逋的坟墓、玛瑙坡、陈朝柏等景致）、四面堂、处士桥（因为林逋得名）、涵碧桥、高菊涧墓（高菊，名"九万"。埋葬在孤山后面的谈家山）、断桥（又叫"段家桥"。这里有如青云般的万株杨柳，远远望去就像裙带一样。白居易有诗说："谁开湖寺西南路，草绿裙腰一带斜"）。

北山路（从丰乐楼北，沿湖到钱塘门外，进入九曲路，

北山路（自丰乐楼北，沿湖至钱塘门外，入九曲路，至德胜桥南印道堂、小溜水桥、黄山桥、扫帚坞、鲍家田、青芝坞、玉泉、驼巘、栖霞岭、东山同、霍山、昭庆教场、水磨头、葛岭、九里松、灵隐寺、石人岭、西溪路止。三天竺附）

柳洲、龙王庙（名会灵，所谓“柳洲五龙王”也）、惠明院（旧名资福，今呼柳洲寺，其地旧为通元庵）、上船亭、养鱼庄（杨郡王府）、

到德胜桥南印道堂、小溜水桥、黄山桥、扫帚坞、鲍家田、青芝坞、玉泉、驼巘、栖霞岭、东山同、霍山、昭庆教场、水磨头、葛岭、九里松、灵隐寺、石人岭、西溪路为止。三天竺附）

柳洲、龙王庙（叫“会灵”。就是所谓的“柳洲五龙王”）、惠明院（以前叫“资福”，

环碧园（杨郡王府，堂扁皆御书）、迎光楼（张循王府）、刘氏园（内侍刘公正所居）、一清堂（后改玉莲。竞渡争标于此）、菩提院（旧名惠严，与昭庆寺相连）。

葛岭路

水磨头、石函桥（有水闸，泄湖水入下湖）、放生亭、德生堂（理宗御书）、泳飞亭（理

现在叫“柳洲寺”，这块地以前是通元庵）、上船亭、养鱼庄（杨郡王府）、环碧园（杨郡王府，堂匾都是皇帝的御书）、迎光楼（张循王府）、刘氏园（内侍刘公正所居住的地方）、一清堂（后改为“玉莲”，在这里竞渡争标）、菩提院（以前叫“惠严”，与昭庆寺相连）。

葛岭路

水磨头、石函桥（有水闸，从这里泄湖水入下湖）、放生亭、德生堂（理宗御书）、泳飞亭（理宗御书）、总宜园（水张太尉，后归赵平远淇，现在是西太一宫）、大吴园、小吴园、水月园（绍兴年间，皇帝赏赐给了杨和王。孝宗后来又拨赐给了嗣秀王。水月瀛、燕堂、玉林堂，都是皇帝御书）。

西溪路

毕宫师墓（毕再遇父子都埋葬在这里）。

宗御书）、总宜园（水张太尉，后归赵平远淇，今为西太一宫）、大吴园、小吴园、水月园（绍兴中赐杨和王、孝宗拨赐嗣秀王。水月瀛、燕堂、玉林堂，皆御书）。

西溪路

毕官师墓（毕再遇之父子皆葬于此）。

三天竺（自灵鹫至上竺郎当岭止）

陈明大王庙（汉灵帝熹平余杭令陈浑，后唐明宗长兴中封太平灵卫王）、灵鹫兴圣寺（惠理法师卓锡之地，吴越王建）。

三天竺（从灵鹫到上竺郎当岭为止）

陈明大王庙（汉灵帝熹平年间的余杭令陈浑，后唐明宗长兴年被封为太平灵卫王）、灵鹫兴圣寺（惠理法师居留的地方。由吴越王建造）。

卷陆

诸市

原文

药市（炭桥）、花市（官巷）、珠子市（融和坊南、官巷）、米市（北关外黑桥头）、肉市（大瓦修义坊）、菜市（新门、东青门霸子头）、鲜鱼行（候潮门外）、鱼行（北关外水冰桥）、南猪行（候潮门外）、北猪行（打猪巷）、布市（便门外横河头）、蟹行（新门外南土门）、花团（官巷口、钱塘门内）、青果团（候潮门内泥路）、柑子团（后市街）、鲞、团（便门外浑水闸）、书房（橘园亭）。

译文

药市（在炭桥）、花市（在官巷）、珠子市（在融和坊南、官巷）、米市（在北关外黑桥头）、肉市（在大瓦修义坊）、菜市（在新门、东青门霸子头）、鲜鱼行（在候潮门外）、鱼行（在北关外水冰桥）、南猪行（在候潮门外）、北猪行（在打猪巷）、布市（在便门外横河头）、蟹行（在新门外南土门）、花团（在官巷口、钱塘门内）、青果团（在候潮门内泥路）、柑子团（在后市街）、鲞、团（在便门外浑水闸）、书房（在橘园亭）。

瓦子勾栏

（城内隶修内司，城外隶殿前司）

·原文·

南瓦（清冷桥熙春楼）、中瓦（三元楼）、大瓦（三桥街。亦名上瓦）、北瓦（众安桥。亦名下瓦）、蒲桥瓦（亦名东瓦）、便门瓦（便门外）、候潮门瓦（候潮门外）、小堰门瓦（小堰门前）、新门瓦（亦名四通馆瓦）、荐桥门瓦（荐桥门前）、菜市门瓦（菜市门外）、钱湖门瓦（省马院前）、赤山瓦（后军寨前）、行春桥瓦、北郭瓦（又名大通店）、米市桥瓦、旧瓦（石板头）、嘉会门瓦（嘉会门外）、

·译文·

南瓦（在清冷桥熙春楼）、中瓦（在三元楼）、大瓦（在三桥街。也叫上瓦）、北瓦（在众安桥。也叫下瓦）、蒲桥瓦（也叫东瓦）、便门瓦（在便门外）、候潮门瓦（在候潮门外）、小堰门瓦（在小堰门前）、新门瓦（也叫四通馆瓦）、荐桥门瓦（在荐桥门前）、菜市门瓦（在菜市门外）、钱湖门瓦（在省马院前）、赤山瓦（在后军寨前）、行春桥瓦、北郭瓦（又叫大通店）、米市桥瓦、旧瓦（在石板头）、嘉会门瓦（在嘉会门外）、北关门瓦（又叫新瓦）、艮山门瓦（在艮山门外）、羊坊桥瓦、王家桥瓦、龙山瓦。

北关门瓦（又名新瓦）、艮山门瓦（艮山门外）、羊坊桥瓦、王家桥瓦、龙山瓦。

如北瓦、羊棚楼等，谓之“游棚”。外又有勾栏甚多，北瓦内勾栏十三座，最盛。或有路岐不入勾栏，只在耍闹宽阔之处做场者，谓之“打野呵”，此又艺之次者。

如北瓦、羊棚楼等，称为“游棚”。游棚外又有很多勾栏。北瓦内的勾栏最多，共有十三座，最热闹。有的路岐人（路边的民间卖艺人）不进入勾栏，只在宽阔的地方耍闹做场，这称为“打野呵”，这又是更为次等的技艺。

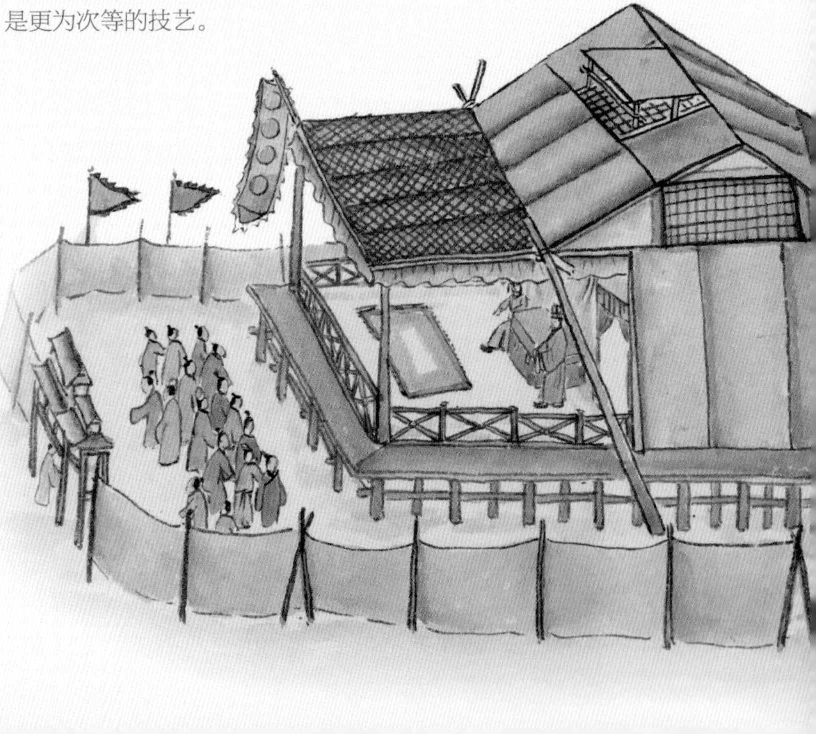

酒楼

·原文·

和乐楼（升旸宫南库）、和丰楼（武林园南上库）、中和楼（银瓮子中库）、春风楼（北库）、太和楼（东库）、西楼（金文西库）、太平楼、丰乐楼、南外库、北外库、西溪库。

已上并官库，属户部点检所。每库设官妓数十人，各有金银酒器千两，以供饮客之用。每库有祗直者数人，名曰“下番”。饮客登楼，则以名牌点唤侑樽，谓之“点花牌”。元夕，诸妓皆并番互移他库。夜卖，各戴杏花冠儿，

·译文·

和乐楼（升旸宫南库）、和丰楼（武林园南上库）、中和楼（银瓮子中库）、春风楼（北库）、太和楼（东库）、西楼（金文西库）、太平楼、丰乐楼、南外库、北外库、西溪库。

以上都是国家储藏财物的地方，隶属于户部点检所。每库设有官妓数十人，各有金银酒器千两，以供饮客之用。每库有几个值班人员，叫作“下番”。饮客登楼，就以姓名牌点唤饮酒助兴人，称为“点花牌”。元宵节时，所有官妓及下番相互调入他库。夜市时，各官妓都戴上杏花冠，端坐于花架上。然而那些著名的娼妓都深藏在闺阁中，见之不易。凡肴核杯盘，也可随意带进库中，刚开始并没有厨师，官府刚开始并不借此征收赋税，完全是用来粉饰太平罢了。这里都是学舍中青年男子为主，外人不能轻易进入。

危坐花架，然名娼皆深藏邃阁，未易招呼。凡肴核杯盘，亦各随意携至库中，初无庖人。官中趁课，初不藉此，聊以粉饰太平耳。往往皆学舍士夫所据，外人未易登也。

熙春楼、三元楼、五间楼、赏心楼、严厨、花月楼、银马杓、康沈店、翁厨、任厨、陈厨、周厨、巧张、日新楼、沈厨、郑厨（只卖好食，虽海鲜、头羹皆有之）、蛇蝂眼（只卖好酒）、张花。

已上皆市楼之表表者，每楼各分小阁十余，酒器悉用银，

以竞华侈。每处各有私名妓数十辈，皆时妆袨服，巧笑争妍，夏月茉莉盈头，香满绮陌，凭槛招邀，谓之“卖客”；又有小鬟不呼自至，歌吟强聒，以求支分，谓之“擦坐”；又有吹箫、弹阮、息气、锣板、歌唱、散耍等人，谓之“赶趁”；及有老妪，以小炉炷香为供者，谓之“香婆”；有以法制青皮、杏仁、半夏、缩砂、豆蔻、小蜡茶、香药、韵姜、砌香、橄榄、薄苛，至酒阁分俵得钱，谓之“撒暂”；又有卖玉面狸、鹿肉、糟决明、糟蟹、糟羊蹄、酒哈蜊、柔鱼、虾茸、鱐干者，谓之“家风”；又有卖酒浸江蝺、章举蛎肉、龟脚锁管、密丁脆螺、鲎酱法虾、子鱼鮆鱼诸海味者，谓之“醒酒口味”。凡下酒羹汤，任意索唤，虽十客各欲一味，亦自不妨；过卖、铛头，记忆数十百品，不劳再四；传喝如流，

熙春楼、三元楼、五间楼、赏心楼、严厨、花月楼、银马杓、康沈店、翁厨、任厨、陈厨、周厨、巧张、日新楼、沈厨、郑厨（只卖上好的食物，海鲜、头羹这些都有）、蛇蠊眼（只卖好酒）、张花。

以上都是酒楼中较为卓异的，每楼各分十余扇小门，酒器都是用银子制作的，用来竞争华贵奢侈。每处都有数十个私人养的名妓，都穿着当季的华丽服装，巧笑争妍。夏天时头上插满茉莉，整条花街柳巷春意浓郁，凭槛招邀，称为“卖客”。又有小婢不请自来，来回歌吟，以求获得财物，称为“擦坐”。又有吹箫、弹阮、息气、锣板、歌唱、散耍等人，称为“赶趁”。还有老妇用小炉炷香来供，称为“香婆”。有兜售以古法制的青皮、杏仁、半夏、缩砂、豆蔻、小蜡茶、香药、韵姜、砌香、橄榄、薄苛，

便即制造供应，不许少有违误。酒未至，则先设看菜数碟；及举杯，则又换细菜。如此屡易，愈出愈奇，极意奉承。或少忤客意，及食次少迟，则主人随逐去之。歌管欢笑之声，每夕达旦，往往与朝天车马相接，虽风雨暑雪，不少减也。

到酒阁分得钱财，称为“撒暂”。又有卖玉面狸、鹿肉、糟决明、糟蟹、糟羊蹄、酒蛤蜊、柔鱼、虾茸、𩾌鱼干的，称为“家风”。又有卖酒浸江蝠、章举蛎肉、龟脚锁管、密丁脆螺、鲎酱法虾、子鱼鮆鱼这些海味的，称为“醒酒口味”。凡下酒的羹汤，任意索取叫唤，即使是十个客人各想吃一味，也能满足。侍从人员和厨师，他们能记住数十百品酒食，不需劳烦一次又一次吆喝。传喝如流，即兼顾制造供应，又不允许稍有违误。酒没到之前，则先摆设数碟看菜；等到举杯的时候，则又换成细菜，这样屡次更换酒食，愈出愈奇，极尽奉承之意。有时稍有忤逆客人的意思，或上菜稍慢，老板便将其驱逐而去。歌唱管吹欢笑之声，每晚都通宵达旦，往往与朝觐天子的车马之声相接。即便是风雨暑雪，也不稍减。

·原文·

平康诸坊，如上下抱剑营、漆器墙、沙皮巷、清河坊、融和坊、新街、太平坊、巾子巷、狮子巷、后市街、荐桥，皆群花所聚之地。外此，诸处茶肆，清乐茶坊、八仙茶坊、珠子茶坊、潘家茶坊、连三茶坊、连二茶坊及金波桥等两河以至瓦市，各有等差，莫不靓妆迎门，争妍卖笑，朝歌暮弦，摇荡心目。凡初登门，则有提瓶献茗者，虽杯茶亦犒数千，谓之"点花茶"；登楼甫饮一杯，则先与数贯，谓之"支酒"；然后呼唤提卖，随意置宴，赶趁、祗应、扑卖者，亦皆纷至，浮费颇多。或欲更招他妓，则虽对街，亦呼肩舆而至，谓之"过街轿"。前辈如赛观音、孟家蝉、吴怜儿等甚多，皆以色艺冠一时，家甚华侈。近世目击者，惟唐安安，

·译文·

平康诸坊，如上下抱剑营、漆器墙、沙皮巷、清河坊、融和坊、新街、太平坊、巾子巷、狮子巷、后市街、荐桥，都是许多如花美女聚集的地方。此外，各处的茶肆，清乐茶坊、八仙茶坊、珠子茶坊、潘家茶坊、连三茶坊、连二茶坊及金波桥等两河以至瓦市，各等级都有差别，无不是靓妆迎门，争妍卖笑，朝歌暮弦，摇荡心目。凡是初次登门的，就有提瓶献茗的人，即便是一杯茶亦犒劳数千赏钱，称为"点花茶"。登楼便先饮一杯，就先给予数贯赏钱，称为"支酒"。然后呼唤提卖，随意置办宴席，赶趁、祗应（侍候）、扑卖的人也都纷纷而至，浪费颇多。如果有人想更换招其他妓女，即使是人在对街，也可招呼乘轿子而到，称为"过街轿"。前辈如赛观音、孟家蝉、吴怜儿等较多，都是以色艺冠绝一时，家中甚是豪华奢侈。近年所见的，只有唐安安号称

歌馆

最号富盛。凡酒器、沙锣、冰盆、火箱、妆合之类，悉以金银为之。帐幔茵褥，多用绵绮，器玩珍奇，它物称是。下此虽力不逮者，亦竞鲜华。盖自酒器、首饰、被卧、衣服之属，各有赁者。故凡佳客之至，则供具为之一新，非习于游者不察也。

最为富丽奢华。凡是酒器、沙锣、冰盆、火箱、妆合之类，都是用金银制作的。帐幔茵褥，多用柔软的丝织品制成。器玩珍奇，其他物品也都极其贵重。次于唐安安的即使是力有不逮的，也是竞相鲜艳华丽。大概酒器、首饰、被卧、衣服之类，均有租赁的。所以凡是有佳客到来，则提供的器具为之一新，这种现象不是常游的人是难以察觉的。

赁物

原文

花檐、酒檐、首饰、衣服、被卧、轿子、布囊、酒器、帏设、动用、盘合、丧具。

凡吉凶之事，自有所谓茶酒厨子，专任饮食请客宴席之事。凡合用之物，一切赁至，不劳余力，虽广席盛设，亦可咄嗟办也。

译文

花檐、酒檐、首饰、衣服、被卧、轿子、布囊、酒器、帏设、动用、盘合、丧具。

凡是红白喜事，自有所谓的茶酒厨师，专门承担请客宴席饮食的事情。凡是可以合用的物品，一切都可以租赁而来，不劳余力。即使是广设盛宴，也可迅速置办。

作坊

· 原文 ·

熟药圆散、生药饮片、麸面、团子、馒头、爊炕鹅鸭、爊炕猪羊、糖蜜枣儿、诸般糖、金橘团、灌肺、馓子、萁豆、印马、蚊烟。

都民骄惰，凡买卖之物，多与作坊行贩已成之物，转求什一之利。或有贫而愿者，凡货物盘架之类，一切取办于作坊，至晚始以所直偿之，虽无分文之储，亦可糊口。此亦风俗之美也。

· 译文 ·

加工成团的中药碎末、汤剂中药、麸面、团子、馒头、烧烤鹅鸭、烧烤猪羊、糖蜜枣儿、诸般糖、金橘团、灌肺、扭绳面饼、萁豆、印马、蚊烟。

都城居民骄纵怠惰，凡是买卖的物品，多取于作坊行贩已做好的物品，转手买卖赚取十分之一的利润。或有贫困而谨慎老实的人，凡是货物盘架之类，一切都在作坊中获取办理，到晚间以所得报酬补偿作坊。即使身无分文积蓄，也可以养家糊口。这也是风俗之美啊！

骄民

原文

都民素骄，非惟风俗所致，盖生长辇下，势使之然。若住屋，则动蠲公私房赁，或终岁不偿一镮，诸务税息，亦多蠲放，有连年不收一孔者，皆朝廷自行抱认。诸项窠名，恩赏则有“黄榜钱”；雪降则有“雪寒钱”；久雨久晴，则又有赈恤钱米；大家富室，则又随时有所资给；大官拜命，则有所谓“抢节钱”；病者则有施药局；童幼不能自育者，则有慈幼局；贫而无依者，则有养济院；死而无殓者，则有漏泽园。民生何其幸欤！

译文

都城居民素来骄纵，并非仅仅是风俗导致的，大概因生长在京城脚下，时势使他们这样。如果住屋，则免除公私房租，有人一年不给一镮。许多应收的税和放贷的利息，也多免除，有好几年不收一个铜钱的税，都是由朝廷自行承担。朝廷下拨各项专款，恩赏则有皇帝的文告钱；下雪时则有雪寒钱；长期下雨、长期天晴，则又有救助的钱米；大家富室，则又随时有所捐赠；大官拜命，则有所谓的“抢节钱”；人生病了，则有施药局；童幼不能自家养育的，则有慈幼局；贫穷且无依无靠的，则有养济院；人去世了却无人收尸的，则有漏泽园。民生何其有幸啊！

游手

·原文·

浩穰之区，人物盛夥，游手奸黠，实繁有徒。有所谓美人局（以娼优为姬妾，诱引少年为事）、柜坊赌局（以博戏、关扑结党手法骗钱）、水功德局（以求官、觅举、恩泽、迁转、讼事、交易等为名，假借声势，脱漏财物），不一而足。又有卖买物货，以伪易真，至以纸为衣、铜铅为金银、土木为香药，变换如神，谓之“白日贼”。若阛阓之地，则有剪脱衣囊环佩者，谓之“觅贴儿”。其他穿窬肚箧，各有称首。以至顽徒，如拦街虎、九条龙之徒，尤为市井之害。故尹京政先弹压，必得精悍钩距，长于才

·译文·

人口众多的地方，人物群聚游手好闲且狡猾多端的人，确实不少。有所谓的美人局（以娼优为姬妾来引诱少年）、柜坊赌局（用博戏关扑结成党羽的手法来骗钱）、水功德局（用求官、觅举、恩泽、迁转、讼事、交易等为名，假借声势，骗取财物），诸如此类不一而足。又有买卖货物，以假换真，甚至用纸做衣服，用铜铅当作金银，用土木作为香药，变换速度之快有如神仙，称为“白日贼”。像街市这种地方，则有专门剪脱人家衣囊环佩来窃取财物的，称为“觅贴儿”。其他翻墙撬箱盗窃的，各有头领。以至强横不法的人，像拦街虎、九条龙这样的家伙，尤其是市井的祸害。所以尹京政先用武力压制，必得精明能干的人和钩距之类的兵器、长于才术的人才行。都辖一房有都辖

术者乃可。都辖一房有都辖使臣，总辖供申院长，以至厢巡、地分、头项、火下，凡数千人，专以缉捕为职。其间雄驵有声音，往往皆出群盗，而内司又有海巡八厢以察之。

使臣、总辖供申院长、以至厢巡、地分、头项、火下，有数千人专以缉捕作为职业。其间雄性的好马发出声音时，往往群盗皆出，而内司又有海巡八厢来巡察。

市食

·原文·

鹌鹑馉饳儿、肝脏铗子、香药灌肺、灌肠、猪胰胡饼、羊脂韭饼、窝丝姜馂、划子、科斗细粉、玲珑双条、七色烧饼、杂炸、金铤裹蒸、市罗角儿、宽焦薄脆、糕糜、旋炙犯儿、八糙鹅鸭、炙鸡鸭、爊肝、罐里爊、爊鳗鳝、爊团鱼、煎白肠、水晶脍、煎鸭子、脏驼儿、焦蒸饼、海蜇鲊、姜虾米、辣齑粉、糖叶子、豆团、麻团、螺头、膘皮、辣菜饼、炒螃蟹、肉葱齑、羊血、鹿肉犯子。

果子：皂儿膏、宜利少、瓜蒌煎、鲍螺、裹蜜、糖丝线、泽州饧、蜜麻酥、炒团、澄沙团子、十般糖、甘露饼、荔枝膏、蜜姜馂、韵姜糖、玉屑糕、爊木瓜、糖脆梅、破核儿、查条、橘红膏、花花糖、二色灌香藕、糖豌豆、芽豆、

·译文·

鹌鹑馉饳儿、肝脏铗子、香药灌肺、灌肠、猪胰胡饼、羊脂韭饼、窝丝姜豉、划子、科斗细粉、玲珑双条、七色烧饼、杂炸、金铤裹蒸、市罗角儿、宽焦薄脆、糕糜、旋炙犯儿、八糙鹅鸭、炙鸡鸭、爊肝、罐里爊、爊鳗鳝、爊团鱼、煎白肠、水晶脍、煎鸭子、脏驼儿、焦蒸饼、海蜇鲊、姜虾米、辣齑粉、糖叶子、豆团、麻团、螺头、膘皮、辣菜饼、炒螃蟹、肉葱齑、羊血、鹿肉犯子。

果子：皂儿膏、宜利少、瓜蒌煎、鲍螺、裹蜜、糖丝线、泽州饧、蜜麻酥、炒团、澄沙团子、十般糖、甘露饼、荔枝膏、蜜姜馂、韵姜糖、玉屑糕、爊木瓜、糖脆梅、破核儿、

栗黄、乌李、酪面、蓼花、蜜弹弹、望口消、桃穰酥、重剂、蜜枣儿、天花饼、乌梅糖、玉柱糖、乳糖狮儿、薄荷蜜、琥珀蜜、饧角儿、诸色糖蜜煎。

菜蔬：姜油多、薤花茄儿、辣瓜儿、倭菜、藕鲊、冬瓜鲊、笋鲊、茭白鲊、皮酱、糟琼枝、莼菜笋、糟黄芽、糟瓜齑、淡盐齑、鲊菜、醋姜、脂麻辣菜、拌生菜、诸般糟淹、盐芥。

粥：七宝素粥、五味粥、粟米粥、糖豆粥、糖粥、糕弱、馓子粥、绿豆粥、肉庵饭。

犯鲊：算条、界方条、线条、鱼肉影戏、胡羊犯、削脯、槌脯、松脯、兔犯、獐犯鹿脯、糟猪头、干咸馂、皂角铤、腊肉、炙骨头、旋炙荷包、荔枝皮、鹅鲊、荷包旋鲊、三和鲊、切鲊、

查条、橘红膏、花花糖、二色灌香藕、糖豌豆、芽豆、栗黄、乌李、酪面、蓼花、蜜弹弹、望口消、桃穰酥、重剂、蜜枣儿、天花饼、乌梅糖、玉柱糖、乳糖狮儿、薄荷蜜、琥珀蜜、饧角儿、诸色糖蜜煎。

菜蔬：姜油多、薤花茄儿、辣瓜儿、倭菜、藕鲊、冬瓜鲊、笋鲊、茭白鲊、皮酱、糟琼枝、莼菜笋、糟黄芽、糟瓜齑、淡盐齑、鲊菜、醋姜、脂麻辣菜、拌生菜、诸般糟淹、盐芥。

粥：七宝素粥、五味粥、粟米粥、糖豆粥、糖粥、糕弱、馓子粥、绿豆粥、肉庵饭。

犯鲊：算条、界方条、线条、鱼肉影戏、胡羊犯、削脯、

骨鲊、桃花鲊、雪团鲊、玉板鲊、鲟鳇鲊、春子鲊、黄雀鲊、银鱼鲊、蝛鲊。

凉水：甘豆汤、椰子酒、豆儿水、鹿梨浆、卤梅水、姜蜜水、木瓜汁、茶水、沉香水、荔枝膏水、苦水、金橘团、雪泡缩脾饮、梅花酒、香薷饮、五苓大顺散、紫苏饮。

糕：糖糕、蜜糕、栗糕、粟糕、麦糕、豆糕、花糕、糍糕、雪糕、小甑糕、蒸糖糕、生糖糕、蜂糖糕、线糕、间炊糕、干糕、乳糕、社糕、重阳糕。

蒸作从食：子母茧、春茧、大包子、荷叶饼、芙蓉饼、寿带龟、子母龟、欢喜、捻尖、剪花、小蒸作、骆驼蹄、太学馒头、羊肉馒头、细馅、糖馅、豆沙馅、蜜辣馅、生馅、饭馅、酸馅、

槌脯、松脯、兔羓、獐羓鹿脯、糟猪头、干咸馂、皂角铤、腊肉、炙骨头、旋炙荷包、荔枝皮、鹅鲊、荷包旋鲊、三和鲊、切鲊、

骨鲊、桃花鲊、雪团鲊、玉板鲊、鲟鳇鲊、春子鲊、黄雀鲊、银鱼鲊、蝛鲊。

凉水：甘豆汤、椰子酒、豆儿水、鹿梨浆、卤梅水、姜蜜水、木瓜汁、茶水、沉香水、荔枝膏水、苦水、金橘团、雪泡缩脾饮、梅花酒、香薷饮、五苓大顺散、紫苏饮。

糕：糖糕、蜜糕、栗糕、粟糕、麦糕、豆糕、花糕、糍糕、雪糕、小甑糕、蒸糖糕、生糖糕、蜂糖糕、线糕、间炊糕、干糕、乳糕、社糕、重阳糕。

蒸作从食：子母茧、春茧、大包子、荷叶饼、芙蓉饼、寿带龟、子母龟、欢喜、捻尖、剪花、小蒸作、骆驼蹄、太学馒

笋肉馅、麸蕈馅、枣栗馅、薄皮、蟹黄、灌浆、卧炉、鹅项、枣餾、仙桃、乳饼、菜饼、秤锤蒸饼、睡蒸饼、千层、鸡头篮儿、鹅弹、月饼、馅子、炙焦、肉油酥、烧饼、火棒、小蜜食、金花饼、市罗、蜜剂、饼馁、春饼、胡饼、韭饼、诸色夹子、诸色包子、诸色角儿、诸色果食、诸色从食。

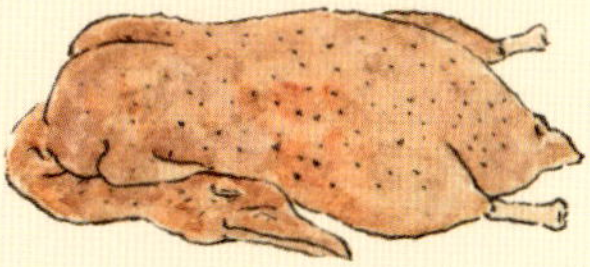

头、羊肉馒头、细馅、糖馅、豆沙馅、蜜辣馅、生馅、饭馅、酸馅、笋肉馅、麸蕈馅、枣栗馅、薄皮、蟹黄、灌浆、卧炉、鹅项、枣餾、仙桃、乳饼、菜饼、秤锤蒸饼、睡蒸饼、千层、鸡头篮儿、鹅弹、月饼、馅子、炙焦、肉油酥、烧饼、火棒、小蜜食、金花饼、市罗、蜜剂、饼馁、春饼、胡饼、韭饼、诸色夹子、诸色包子、诸色角儿、诸色果食、诸色从食。

诸色酒名

·原文·

蔷薇露、流香（并御库）；宣赐碧香、思堂春（三省激赏库）；凤泉（殿司）、玉练槌（祠祭）；有美堂、中和堂、雪醅、真珠泉、皇都春（出卖）、常酒（出卖）、和酒（出卖。并京酝）；皇华堂（浙西仓）；爰咨堂（浙江仓）；琼花露（扬州）；六客堂（湖州）；齐云清露、双瑞（并苏州）；爱山堂、得江（并东总）；留都春、静治堂（并江阃）；十洲春、玉醅（并海阃）；海岳春（西总）；筹思堂（江东漕）；清若空（秀州）；蓬莱春（越州）、第一江山、北府兵厨、锦波春、浮玉春（并镇江）；秦淮春、银光（并建康）；清心堂、丰和春、蒙泉（并温州）；潇洒泉（严州）；金斗泉（常州）；思政堂、龟峰（并衢州）；

·译文·

蔷薇露、流香（均出自御库）；宣赐碧香、思堂春（出自门下、中书、尚书三省激赏库）；凤泉（殿司）、玉练槌（祠祭）；有美堂、中和堂、雪醅、真珠泉、皇都春（出卖）、常酒（出卖）、和酒（出卖。均出自京酝）；皇华堂（浙西仓）；爰咨堂（浙江仓）；琼花露（扬州）；六客堂（湖州）；齐云清露、双瑞（均出自苏州）；爱山堂、得江（均出自东总）；留都春、静治堂（均出自江阃）；十洲春、玉醅（均出自海阃）；海岳春（西总）；筹思堂（江东漕）；清若空（秀州）；蓬莱春（越州）、第一江山、北府兵厨、锦波春、浮玉春（均出自镇江）；秦淮春、银光（均出自建康）；清心堂、丰和春、蒙泉（均出自温州）；潇洒泉（严州）；金斗泉（常州）；思政堂、龟峰

错认水（婺州）；谷溪春（兰溪）；庆远堂（秀邸）；清白堂（杨府）；蓝桥风月（吴府）；紫金泉（杨郡王府）；庆华堂（杨驸马府）；元勋堂（张府）；眉寿堂、万象皆春（并荣邸）；济美堂、胜茶（并谢府）。

点检所酒息日课，以数十万计，而诸司邸第及诸州供送之酒不与焉，盖人物浩繁，饮之者众故也。

（均出自衢州）；错认水（婺州）；谷溪春（兰溪）；庆远堂（秀邸）；清白堂（杨府）；蓝桥风月（吴府）；紫金泉（杨郡王府）；庆华堂（杨驸马府）；元勋堂（张府）；眉寿堂、万象皆春（均出自荣邸）；济美堂、胜茶（均出自谢府）。

点检（所管理酒库的机构）对卖酒所得的利润每天征税，以数十万计，但众多官署、达官贵族的府第及诸州供送的酒不参与销售。大概是人物浩繁，吃酒的人又比较多的原因罢了。

小经纪（他处所无者）

·原文·

班朝录、供朝报、选官图、诸色科名、开先牌、写牌额、裁板尺、诸色指挥、织经带、棋子棋盘、蒲牌骰子、交床试篮、卖字本、掌记册儿、诸般簿子、诸色经文、刀册儿、纸画儿、扇牌儿、印色盝、剪字、缠令、耍令、琴阮弦、开笛、艶笙、鞔鼓、口簧、位牌、诸般盝儿、屋头挂屏、剪镞花样、檐前乐、见成皮鞋、提灯龊灯、头须编掠、香橼络儿、香橼坐子、拄杖、粘竿、风幡、钓钩、钓竿、食罩、吊挂、拂子、蒲坐、椅褥、药焙、烘篮、风袋、烟帚、糊刷、鞋楦、桶钵、搭罗儿、姜擦子、帽儿、鞋带、修皮鞋、穿交椅、穿

·译文·

班朝录、供朝报、选官图、诸色科名、开先牌、写牌额、裁板尺、诸色指挥、织经带、棋子棋盘、蒲牌骰子、交床试篮、卖字本、掌记册儿、诸般簿子、诸色经文、刀册儿、纸画儿、扇牌儿、印色盝、剪字、缠令、耍令、琴阮弦、开笛、艶笙、鞔鼓、口簧、位牌、诸般盝儿、屋头挂屏、剪镞花样、檐前乐、见成皮鞋、提灯龊灯、头须编掠、香橼络儿、香橼坐子、拄杖、粘竿、风幡、钓钩、钓竿、食罩、吊挂、拂子、蒲坐、椅褥、药焙、烘篮、风袋、烟帚、糊刷、鞋楦、桶钵、搭罗儿、姜擦子、帽儿、鞋带、修皮鞋、穿交椅、穿罣罳、鞋结底、穿珠、领抹、钗朵、牙梳、洗翠、修冠子、小梳儿、染梳儿、接补梳儿、香袋儿、面花儿、

罣罳、鞋结底、穿珠、领抹、钗朵、牙梳、洗翠、修冠子、小梳儿、染梳儿、接补梳儿、香袋儿、面花儿、绢孩儿、符袋儿、画梅七香丸、胶纸、稳步膏、手皴药、凉药、香药、膏药、发垛儿、头髮、磨镜、弩儿、弩弦、弹弓、箭翎、射帖、壶筹、鹁鸽铃、风筝、药线、象棋、毽子、斗叶、香炉灰、纰刷儿、篦子剔、剪截段尺、出洗衣服、簇头消息、提茶瓶、鼓炉钉铰、钉看窗、札熨斗、供香饼、使

绢孩儿、符袋儿、画梅七香丸、胶纸、稳步膏、手皴药、凉药、香药、膏药、发垛儿、头髮、磨镜、弩儿、弩弦、弹弓、箭翎、射帖、壶筹、鹁鸽铃、风筝、药线、象棋、毽子、斗叶、香炉灰、纰刷儿、篦子剔、剪截段尺、出洗衣服、簇头消息、提茶瓶、鼓炉钉铰、钉看窗、札熨斗、供香饼、使绵、打炭墼、补锅子、泥灶、整漏、箍桶、襻膊儿、竹猫儿、消息子、老鼠药、蚊烟、闹蛾儿、凉筒儿、纽扣子、接绦、修扇子、钱索、麻索、红索儿、席草、鸡笼、修竹作、使法油、油

绵、打炭墼、补锅子、泥灶、整漏、箍桶、襻膊儿、竹猫儿、消息子、老鼠药、蚊烟、闹蛾儿、凉筒儿、纽扣子、接绦、修扇子、钱索、麻索、红索儿、席草、鸡笼、修竹作、使法油、油纸、油单、毡坐子、修砧头、磨刀、磨剪子、棒槌、舂米、劈柴、擂槌（俗谚云：杭州人一日吃三十丈木头。盖以三十万家为率，大约每十家日吃擂槌一分，合而计之，则三十丈矣）、淘井、猫窝、猫鱼、卖猫儿、改猫犬、鸡食、鱼食、虫蚁食、诸般虫蚁、鱼儿活、虼蚪儿、促织儿、小螃蟹、金麻、马蛰儿、

纸、油单、毡坐子、修砧头、磨刀、磨剪子、棒槌、舂米、劈柴、擂槌（俗谚说：杭州人一天吃三十丈木头。大概是以三十万家来计算，每十家每天大约吃一分是擂槌，合而计之，则共有三十丈了）、淘井、猫窝、猫鱼、卖猫儿、改猫犬、鸡食、鱼食、虫蚁食、诸般虫蚁、鱼儿活、虼蚪儿、促织儿、小螃蟹、金麻、马蛰儿、蝍蟟、虫蚁笼、促织盆、麻花子、荷叶、灯草、发烛、肥皂团、茶花子、买瓶掇、旧铺衬、圪伯纸、竹钉、淘灰土、淘河、剔拨叉、黄牛粪灰、挑疥虫、卖烟火、旋影戏。

至于儿童游戏的物件，名件很多，不可胜数，如相银杏、猜糖、吹叫儿、打娇惜、千千车、轮盘儿，

蝍蟟、虫蚁笼、促织盆、麻花子、荷叶、灯草、发烛、肥皂团、茶花子、买瓶搬、旧铺衬、圪伯纸、竹钉、淘灰土、淘河、剔拨叉、黄牛粪灰、挑疥虫、卖烟火、旋影戏。

若夫儿戏之物，名件甚多，尤不可悉数，如相银杏、猜糖、吹叫儿、打娇惜、千千车、轮盘儿，每一事率数十人，各专藉以为衣食之地，皆他处之所无也。

每一事都是数十人，各人专门凭借自己的一技之长获得衣食来源，这些都是其他地方所没有的。

诸色伎艺人

·原文·

御前应制：姜梅山（特立。观察使）、周葵窗（端臣）、曹松山（邍）、陈藏一（郁）、徐良、陈爱山、程奎、耿待聘。

御前画院：马和之、苏汉臣、李安中、陈善、林春、吴炳、夏圭、李迪、马远、马璘、萧照。

棋待诏：郑日新（越童）、吴俊臣（安吉吴）、施茂（施猢狲）、朱镇、童先、杜黄（象）、徐彬（象）、

·译文·

御前应制：姜梅山（特立。观察使）、周葵窗（端臣）、曹松山（邍）、陈藏一（郁）、徐良、陈爱山、程奎、耿待聘。

御前画院：马和之、苏汉臣、李安中、陈善、林春、吴炳、夏圭、李迪、马远、马璘、萧照。

棋待诏：郑日新（越童）、吴俊臣（安吉吴）、施茂（施猢狲）、朱镇、童先、杜黄（象）、徐彬（象）、林茂（象）、礼重（象）、尚端（象）、沈姑姑（象。女流）、金四官人（象）、上官大夫（象）、王安哥（象）、李黑子（象）。

书会：李霜涯（作赚绝伦）、李大官人（谭词）、叶庚、周竹窗、平江周二郎（猢狲）、贾廿二郎。

演史：乔万卷、许贡士、张解元、周八官人、檀溪子、陈进士、陈一飞、陈三官人、林宣教、徐宣教、李郎中、武

林茂（象）、礼重（象）、尚端（象）、沈姑姑（象。女流）、金四官人（象）、上官大夫（象）、王安哥（象）、李黑子（象）。

书会：李霜涯（作赚绝伦）、李大官人（谭词）、叶庚、周竹窗、平江周二郎（猢狲）、贾廿二郎。

演史：乔万卷、许贡士、张解元、周八官人、檀溪子、陈进士、陈一飞、陈三官人、林宣教、徐宣教、李郎中、武书生、刘进士、巩八官人、徐继先、穆书生、戴书生、王贡士、王贡元、李黑子、陆进士、丘几山、张小娘子、宋小娘子、陈小娘子。

说经诨经：长啸和尚、彭道（名法和）、陆妙慧（女流）、余信、周太辩（和尚）、陆妙静（女流）、达理（和尚）、啸庵、隐秀、

书生、刘进士、巩八官人、徐继先、穆书生、戴书生、王贡士、王贡元、李黑子、陆进士、丘几山、张小娘子、宋小娘子、陈小娘子。

说经诨经：长啸和尚、彭道（名法和）、陆妙慧（女流）、余信、周太辩（和尚）、陆妙静（女流）、达理（和尚）、啸庵、隐秀、混俗、许安然、有缘（和尚）、借庵、保庵、戴悦庵、息庵、戴忻庵。

小说：蔡和、李公佐、 张小四郎、朱修（德寿宫）、孙奇（德寿宫）、任辩（御前）、施珪（御前）、叶茂（御前）、方瑞（御前）、刘和（御前）、王辩（铁衣亲兵）、盛显、

混俗、许安然、有缘（和尚）、借庵、保庵、戴悦庵、息庵、戴忻庵。

小说：蔡和、李公佐、张小四郎、朱修（德寿宫）、孙奇（德寿宫）、任辩（御前）、施珪（御前）、叶茂（御前）、方瑞（御前）、刘和（御前）、王辩（铁衣亲兵）、盛显、王琦、陈良辅、王班直（洪）、翟四郎（升）、粥张二、许济、张黑剔、俞住庵、色头陈彬、秦州张显、酒李一郎、乔宜、王四郎（明）、王十郎（国林）、王六郎（师古）、胡

王琦、陈良辅、王班直（洪）、翟四郎（升）、粥张二、许济、张黑剔、俞住庵、色头陈彬、秦州张显、酒李一郎、乔宜、王四郎（明）、王十郎（国林）、王六郎（师古）、胡十五郎（彬）、故衣毛三、仓张三、枣儿徐荣、徐保义、汪保义、张拍、张训、沈佺、沈喝、湖水周、爊肝朱、掇绦张茂、王三教、徐茂（象牙孩儿）、王主管、翁彦、嵇元、陈可庵、林茂、夏达、明东、白思义、史惠英（女流）。

影戏：贾震、贾雄、尚保义、三贾（贾伟、贾仪、贾佑）、三伏（伏大、伏二、伏三）、沈显、陈松、马俊、马进、王三郎（升）、朱祐、蔡咨、张七、周端、郭真、李二娘（队戏）、王润卿（女流）、黑妈妈。

唱赚：濮三郎、扇李二郎、郭四郎、孙端、叶端、牛端、华琳、

十五郎（彬）、故衣毛三、仓张三、枣儿徐荣、徐保义、汪保义、张拍、张训、沈佺、沈喝、湖水周、爊肝朱、掇绦张茂、王三教、徐茂（象牙孩儿）、王主管、翁彦、嵇元、陈可庵、林茂、夏达、明东、白思义、史惠英（女流）。

影戏：贾震、贾雄、尚保义、三贾（贾伟、贾仪、贾佑）、三伏（伏大、伏二、伏三）、沈显、陈松、马俊、马进、王三郎（升）、朱祐、蔡咨、张七、周端、郭真、李二娘（队戏）、王润卿（女流）、黑妈妈。

唱赚：濮三郎、扇李二郎、郭四郎、孙端、叶端、牛端、华琳、黄文质、盛二郎、顾和（蜡烛）、马升、熊春、梅四、汪六、沈二、王六、许曾三、邵六（伟）、小王三、媳妇徐、沈七、谢一珪。

黄文质、盛二郎、顾和（蜡烛）、马升、熊春、梅四、汪六、沈二、王六、许曾三、邵六（伟）、小王三、媳妇徐、沈七、谢一珪。

小唱：萧婆婆（韩太师府）、贺寿、陈尾犯、画鱼周、陆恩显（都管）、笙张、周颐斋（执礼）、忤都事、丁八。

丁未年选拔进入勾栏弟子嘌唱赚色：施二娘、时春春、时佳佳、何总怜、童二、严偏头、向大鼻、葛四、徐胜胜、耿四、牛安安、余元元、钱寅奴、朱伴伴（大虎头）。

彭板：段防御（舍生）、张眼光、张开、张驴儿（合称为三张）、陈宜娘（笛）、陈喜生（拍）、周双顶、潘小双、莫及（笛）、陈喜（拍）、来七（笛）、董大有、金四（札子皮）、朱关生。

杂剧：赵太、慢星子（女流）、王侯喜、宋邦宁、唐都管（世荣）、三何（晏喜、晏清、晏然）、锄头段、唧伶头、诸国朝、

小唱：萧婆婆（韩太师府）、贺寿、陈尾犯、画鱼周、陆恩显（都管）、笙张、周颐斋（执礼）、忭都事、丁八。

丁未年拨入勾栏弟子嘌唱赚色：施二娘、时春春、时佳佳、何总怜、童二、严偏头、向大鼻、葛四、徐胜胜、耿四、牛安安、余元元、钱寅奴、朱伴伴（大虎头）。

彭板：段防御（舍生）、张眼光、张开、张驴儿（谓之三张）、陈宜娘（笛）、陈喜生（拍）、周双顶、潘小双、莫及（笛）、陈喜（拍）、来七（笛）、董大有、金四（札子皮）、朱关生。

杂剧：赵太、慢星子（女流）、王侯喜、宋邦宁、唐都管（世荣）、三何（晏喜、晏清、晏然）、锄头段、唧伶头、诸国朝、宋清朝、王太（铁笠）、郝城（小锹）、宋吉、宋国珍、赵恩、

宋清朝、王太（铁笠）、郝城（小锹）、宋吉、宋国珍、赵恩、王太、吴师贤、朱太（猪儿头）、王见喜、铁太、冯舜朝、王珍美、吴国贤、郑太、惠恩泽、时和、颜喜、萧金莲、一窟王、时丰稔、时国昌、金宝、赵祥、吴国昌、王吉、王双莲（女流）、沈小乔、杜太、蒋俊。

杂扮（纽元子）：铁刷汤、江鱼头、兔儿头、菖蒲头、眼里乔、胡蜀葵、迎春茧、卓郎妇、笑靥儿、科头粉、韵梅头、小菖蒲、金鱼儿、

王太、吴师贤、朱太（猪儿头）、王见喜、铁太、冯舜朝、王珍美、吴国贤、郑太、惠恩泽、时和、颜喜、萧金莲、一窟王、时丰稔、时国昌、金宝、赵祥、吴国昌、王吉、王双莲（女流）、沈小乔、杜太、蒋俊。

杂扮（纽元子）：铁刷汤、江鱼头、鱼儿头、菖蒲头、眼里乔、胡蜀葵、迎春茧、卓郎妇、笑靥儿、科头粉、韵梅头、小菖蒲、金鱼儿、银鱼儿、胡小俏、周乔、郑小俏、鱼得水（旦）、王道泰、王寿香（旦）、厉太、顾小乔、陈橘皮、小橘皮、菜市乔（旦）、自来俏（旦）。

弹唱因缘：童道、费道、蒋居安、陈端、李道、沈道、顾善友、甘道、俞道、徐康孙、张道。

银鱼儿、胡小俏、周乔、郑小俏、鱼得水（旦）、王道泰、王寿香（旦）、厉太、顾小乔、陈橘皮、小橘皮、菜市乔（旦）、自来俏（旦）。

弹唱因缘：童道、费道、蒋居安、陈端、李道、沈道、顾善友、甘道、俞道、徐康孙、张道。

唱京词：蒋郎妇、孟客、吴郎妇、马客。

诸宫调（传奇）：高郎妇、黄淑卿、王双莲、袁太道。

唱耍令：大祸胎、小祸胎、李俊、香陈渊、大小王、熊二、路淑卿、陈昌、叶道（道情）、王保、王定、陆槐、郭忠、牛昌、郭双莲、陈新、徐喜、吴昌、赵防御（双目无。御前）。

唱拨不断：张胡子、黄三。

说诨话：蛮张四郎。

唱京词：蒋郎妇、孟客、吴郎妇、马客。

诸宫调(传奇)：高郎妇、黄淑卿、王双莲、袁太道。

唱耍令：大祸胎、小祸胎、李俊、香陈渊、大小王、熊二、路淑卿、陈昌、叶道（道情）、王保、王定、陆槐、郭忠、牛昌、郭双莲、陈新、徐喜、吴昌、赵防御（双目无。御前）。

唱拨不断：张胡子、黄三。

说诨话：蛮张四郎。

商谜：胡六郎、魏大林、张振、周月岩（江西人）、蛮明和尚、东吴秀才、陈赟、张月斋、

商谜：胡六郎、魏大林、张振、周月岩（江西人）、蛮明和尚、东吴秀才、陈赟、张月斋、捷机和尚、魏智海、小胡六、马定斋、王心斋。

覆射：女郎中。

学乡谈：方斋郎。

舞绾百战：张遇喜、刘仁贵、宋十将、常十将、错安头、欢喜头、柴小升哥、林赛哥、张名贵、花念一郎、花中宝。

神鬼：谢兴哥、花春、王铁一郎、王铁三郎。

撮弄杂艺：林遇仙、赵十一郎、赵家喜、浑身手、张赛哥、王小仙、姚遇仙、赵念五郎、赵世昌、赵世祥、耍大头（踢弄）、金宝、施半仙、金逢仙、林遇仙、小关西、陆寿、包显、女姑姑、施小仙。

捷机和尚、魏智海、小胡六、马定斋、王心斋。

覆射：女郎中。

学乡谈：方斋郎。

舞绾百战：张遇喜、刘仁贵、宋十将、常十将、错安头、欢喜头、柴小升哥、林赛哥、张名贵、花念一郎、花中宝。

神鬼：谢兴哥、花春、王铁一郎、王铁三郎。

撮弄杂艺：林遇仙、赵十一郎、赵家喜、浑身手、张赛哥、王小仙、姚遇仙、赵念五郎、赵世昌、赵世祥、耍大头（蹋弄）、金宝、施半仙、金逢仙、林遇仙、小关西、陆寿、包显、女姑姑、施小仙。

泥丸：王小仙、施半仙、章小仙、袁丞局。

泥丸：王小仙、施半仙、章小仙、袁丞局。

头钱：包显、包喜、包和、黄林。

踢弄：吴金脚、耍大头、吴鹞子。

傀儡（悬丝、杖头、药发、肉傀儡、水傀儡）：陈中喜、陈中贵、卢金线、郑荣喜、张金线、张小仆射（杖头）、刘小仆射（水傀儡）、张逢喜（肉傀儡）、刘贵、张逢贵（肉傀儡）。

顶撞踏索：李赛强、一块金、李真贵、间生强。

清乐：黄显贵、没眼动乐。

头钱：包显、包喜、包和、黄林。

踢弄：吴金脚、耍大头、吴鹞子。

傀儡（悬丝、杖头、药发、肉傀儡、水傀儡）：陈中喜、陈中贵、卢金线、郑荣喜、张金线、张小仆射（杖头）、刘小仆射（水傀儡）、张逢喜（肉傀儡）、刘贵、张逢贵（肉傀儡）。

顶撞踏索：李赛强、一块金、李真贵、间生强。

清乐：黄显贵、没眼动乐。

角抵：王侥大、张关索、撞倒山、刘子路、卢大郎、铁板沓、赛先生、金重旺、赛板沓、曹铁凛、赛侥大、赛关索、周黑大、张侥大、刘春哥、曹铁拳、王急快、严关索、韩铜柱、韩铁僧、王赛哥、一拔条、温州子、韩归僧、黑八郎、郑排、昌化子、小

角抵：王侥大、张关索、撞倒山、刘子路、卢大郎、铁板沓、赛先生、金重旺、赛板沓、曹铁凛、赛侥大、赛关索、周黑大、张侥大、刘春哥、曹铁拳、王急快、严关索、韩铜柱、韩铁僧、王赛哥、一拔条、温州子、韩归僧、黑八郎、郑排、昌化子、小住哥、周僧儿、广大头、金寿哥、严铁条、武当山、盖来住、董急快、董侥大、周板沓、郑三住、周重旺、小关索、小黑大、阮舍

住哥、周僧儿、广大头、金寿哥、严铁条、武当山、盖来住、董急快、董侥大、周板沓、郑三住、周重旺、小关索、小黑大、阮舍哥、傅卖鲜、郑白大。

乔相扑：元鱼头、鹤儿头、鸳鸯头、一条黑、一条白、斗门乔、白玉贵、何白鱼、夜明珠。

女飐：韩春春、绣勒帛、锦勒帛、赛貌多、侥六娘、后辈侥、女急快。

使棒：朱来儿、乔使棒、高三官人。

打硬：孙七郎、酒李一郎（说话）。

举重：天武张（击石球）、花马儿（掇石墩）、郭介、端亲、王尹生、陆寿。

哥、傅卖鲜、郑白大。

乔相扑：元鱼头、鹤儿头、鸳鸯头、一条黑、一条白、斗门乔、白玉贵、何白鱼、夜明珠。

女飐：韩春春、绣勒帛、锦勒帛、赛貌多、侥六娘、后辈侥、女急快。

使棒：朱来儿、乔使棒、高三官人。

打硬：孙七郎、酒李一郎（说话）。

举重：天武张（击石球）、花马儿（掇石墩）、郭介、端亲、王尹生、陆寿。

打弹：俞麻线（二人）、杨宝、姚四、白肠吴四、蛮王、林四九娘（女流）。

蹴球：黄如意、范老儿、小孙、张明、蔡润。

打弹：俞麻线（二人）、杨宝、姚四、白肠吴四、蛮王、林四九娘（女流）。

蹴球：黄如意、范老儿、小孙、张明、蔡润。

射弩儿：周长（造弩）、康沈（造箭）、沓大、林四九娘（女流）、黄一秀。

散耍：杨宝、陆行、庄秀才、沈喜、姚菊。

装秀才：花花帽孙秀、陈斋郎。

吟叫：姜阿得、钟胜、吴百四、潘善寿、苏阿黑、余庆。

合笙：双秀才。

沙书：余道、姚遇仙、李三郎（改画）。

射弩儿：周长（造弩）、康沈（造箭）、沓大、林四九娘（女流）、黄一秀。

散耍：杨宝、陆行、庄秀才、沈喜、姚菊。

装秀才：花花帽孙秀、陈斋郎。

吟叫：姜阿得、钟胜、吴百四、潘善寿、苏阿黑、余庆。

合笙：双秀才。

沙书：余道、姚遇仙、李三郎（改画）。

教走兽：冯喜人、李三（教熊）。

教走兽：冯喜人、李三（教熊）。

教飞禽虫蚁：赵十一郎、赵十七郎、猢狲王。

弄水：哑八、谢棒杀、画牛儿、僧儿。

放风筝：周三、吕偏头。

烟火：陈太保、夏岛子。

说约：杨郎中、徐郎中、乔七官人。

捕蛇：戴官人。

七圣法：杜七圣。

消息：陆眼子、高道。

教飞禽虫蚁：赵十一郎、赵十七郎、猢狲王。

弄水：哑八、谢棒杀、画牛儿、僧儿。

放风筝：周三、吕偏头。

烟火：陈太保、夏岛子。

说药：杨郎中、徐郎中、乔七官人。

捕蛇：戴官人。

七圣法：杜七圣。

消息：陆眼子、高道。

卷柒

乾淳奉亲（节选）

·原文·

此书丛脞无足言，然间有典章一二可观，故好事者或取之，然遗阙故不少也。近见陈源家所藏《德寿宫起居注》及吴居父、甘昪所编《逢辰》等录，虽皆琐碎散漫，参考旁证，自可互相发挥。又皆乾、淳奉亲之事，其一时承颜养志之娱、燕间文物之盛，使观之者锡类之心，油然而生，其于世教民彝，岂小补哉！因辑为一卷，以为此书之重。然余所得而闻者，不过此数事耳。若二十八年之久，余虽不得尽知而尽纪之，然即其所知，其所不知盖亦可以想见矣。因益所未备，通为十卷，杂然书之。既不能有所次第，亦不暇文其言词，贵乎纪实，且使世俗易知云尔。

淳熙五年二月初一日，上过德寿宫起居，太上留坐冷

·译文·

这本书杂乱琐碎没什么可称赞的，然而其中有一些关于典章制度的讲述还值得一看，所以有人会引用，但书中还有不少遗阙。最近看到陈源家所藏的《德寿宫起居注》与吴居父、甘昪所编的《逢辰》等记事录，虽然都较琐碎散漫，但是作为参考旁证，均可以互相发挥引证。又都是记载宋孝宗乾道、淳熙年间侍奉双亲的事。那时孝宗侍奉双亲、顺从双亲使之意志愉悦，安闲游乐的礼仪之隆盛，使得所见之人侍奉双亲的感情油然而生，这对于世风人伦的教化，何止是小有益处呢！因而搜集整理成一卷，作为这本书的重要部分。然而我所听到的、知道的，不过就这几件事而已。二十八年间这么久远的事儿，我虽不能全部知道而又全部记录下来，然而是我所知道的这些事，那些

泉堂，进泛索讫，至石桥亭子上看古梅。太上曰："苔梅有二种，一种宜兴张公洞者，苔藓甚厚，花极香；一种出越上，苔如绿丝，长尺余。今岁二种同时著花，不可不少留一观。"上谢曰："恭领圣旨。"上皇因言多日不见史浩，命内侍宣召。既至，起居讫，赐坐。并召居广、郑藻。初筵，教坊奏乐呈伎，酒三行，太上宣索市

我所不知道的事情，大概也可以想见。因而补充原来所没有的，全书为十卷，混杂着写。既不能有所次第，也没有空闲时间来修饰文辞。文辞的可贵在于纪实，并且让世俗容易知晓书中所说的事儿。

淳熙五年（1178）二月初一日，皇上至德寿宫问候太上皇起居，太上皇留皇上落座冷泉堂进食点心结束后，到石桥亭子上看古梅。太上皇说："苔梅有两种，一种是长在宜兴张公洞，苔藓较厚，花极香；一种是出自越上，苔藓就像绿丝一样，有一尺余长。今年这两种苔梅同时开花，不可不稍事驻足观赏啊。"皇上谢恩道："恭领圣旨。"太上皇因此说很多天不见史浩了，皇上就命内侍官去宣召史浩，史浩来了之后，向太上皇和皇上问候起居，太上皇赐给史浩座位。并召居广、郑藻一起参加宴席。教坊奏乐献艺，

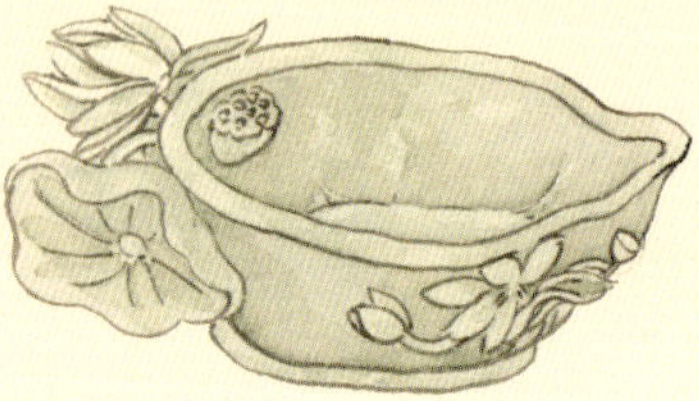

食，如李婆婆杂菜羹、贺四酪面、脏三猪胰胡饼、戈家甜食等数种。太上笑谓史浩曰："此皆京师旧人，各厚赐之。"史起谢。又移宴静乐堂，尽遣乐工，全用内人动乐。且用盘架品味百余种，酒行无算。又宣索黄玉紫心葵花大盏，太上亲自宣劝，史捧觞为两宫寿。时君臣皆已沾醉，小内侍密语史相公云："少酌。"上闻之，曰："满酌不妨，当为老先生一

祝酒三次后，太上皇宣唤要买点街上卖的食物，如李婆婆杂菜羹、贺四酪面、脏三店做的猪胰胡饼、戈家甜食等数种。太上皇笑着对史浩说："这都是以前的京师旧人，应各行重赏。"史浩起身谢恩。又移步到静乐堂吃宴席，太上皇把全部乐工遣走，宣召宫人来奏乐助兴。并且用盘架装盛食物菜品，有百余种品味，依次斟酒无数次。又宣唤索要黄玉紫心葵花大盏，太上皇亲自宣劝，史浩举起酒杯给皇上和太上皇祝寿。这时君臣都已经有点儿酒醉了，小内侍悄悄地跟史相公说："少喝一点。"皇上听到后说："倒满无妨，当为老先生一醉。"太上皇非常高兴，赏赐史浩一条玉带、一金盒冰片脑子、二十匹紫泥罗、四轴御书。史相公谢恩后退下。

淳熙九年（1182）八月十五日，皇上乘坐车驾过德寿宫问候起居，太上皇留坐皇上到乐堂进食早膳结束后，命小内侍进献彩

醉。”太上极喜，赐史少保玉带一条、冰片脑子一金合、紫泥罗二十四、御书四轴。史相谢恩而退。

淳熙九年八月十五日，驾过德寿宫起居，太上留坐至乐堂，进早膳毕，命小内侍进彩竿垂钓。上皇曰：“今日中秋，天气甚清，夜间必有好月色，可少留看月了去。”上恭领圣旨，索车儿同过射厅射弓，观御马院使臣打球，进市食，看水傀儡。晚宴香远堂，堂东有万岁桥，长六丈余，并用吴璘进到玉石甃成，四畔雕镂阑槛，莹彻可爱。桥中心作四面亭，用新罗白罗木盖造，极为雅洁，大池十余亩，皆是千叶白莲，凡御榻、御屏、酒器、香奁、器用，并用水晶。南岸列女童五十人，奏清乐；北岸芙蓉冈一带，并是教坊工，近二百人。待月初上，箫韶齐举，缥缈相应，如在霄汉。

竿垂钓。太上皇说：“今天中秋节，天气十分清朗，夜间必定有好月色，可稍事休息，待一起看月之后再回去。”皇上恭领太上皇圣旨，索要车儿一同过射厅去射箭，看御马院使臣打球，进食市食，看水傀儡表演。晚宴在香远堂举行，堂东有一座万岁桥，约有六丈多长，都是用吴璘进奉的玉石砖砌成，四边雕镂栏杆，晶莹剔透，十分可爱。桥中心建造了四面亭，用新罗的白罗木盖造，极为雅洁。大池面积十余亩，都是千叶白莲。凡御榻、御屏、酒器、香奁、器用，都用水晶制成。大池的南岸有五十位女童在弹奏清乐，北岸芙蓉冈一带都是教坊乐工，约有二百人。待月初上时，箫韶齐举，缥缈相应，就像在天庭一样。既而入座，奏乐小停一会儿，太上皇召唤小刘贵妃独自吹奏白玉笙《霓裳中序》，皇上起身拿着玉杯，向太上皇和皇太后进酒，并赏赐贵妃垒金嵌

既入座，乐少止，太上召小刘贵妃，独吹白玉笙《霓裳中序》，上自起执玉杯，奉两殿酒，并以垒金嵌宝注碗、杯盘等赐贵妃。侍宴官开府曾觌，恭上《壶中天慢》一首云："素飙扬碧，看天衢稳送，一轮明月。翠水瀛壶人不到，比似世间秋别。玉手瑶笙，一时同色，小按霓裳叠。天津桥上，有人偷记新阕。　当日谁幻银桥，阿瞒儿戏，一笑成痴绝。肯信群仙高宴处，移下水晶宫阙。云海尘清，山河影满，桂冷吹香雪。何劳玉斧，金瓯千古无缺。"上皇曰："从来月词，不曾用金瓯事，可谓新奇。"赐金束带、紫番罗、水晶注碗一副，上亦赐宝盏、古香。至一更五点还内。是夜隔江西兴，亦闻天乐之声。

淳熙十年八月十八日，上诣德寿宫，恭请两殿往浙江亭观潮。

宝注碗、杯盘等物品。侍宴官开府曾觌恭献上一首《壶中天慢》词，说："素飙扬碧，看天衢稳送，一轮明月。翠水瀛壶人不到，比似世间秋别。玉手瑶笙，一时同色，小按霓裳叠。天津桥上，有人偷记新阕。　当日谁幻银桥，阿瞒儿戏，一笑成痴绝。肯信群仙高宴处，移下水晶宫阙。云海尘清，山河影满，桂冷吹香雪。何劳玉斧，金瓯千古无缺。"太上皇说："从来歌颂明月的词不曾提过金瓯的事，你这首词可谓是新奇之作。"因此赏赐给曾觌金束带、紫番罗，一副水晶注碗，皇上也赏赐给他宝盏、古香。到一更五点（晚上八点）返还南内。这天晚上隔着钱塘江的西兴渡口，也听到了天乐的声音。

淳熙十年（1183）八月十八日，皇上到德寿宫去恭请太上皇和太后前往浙江亭观潮。进食早膳后，御辇、檐儿（轿子）

进早膳讫，御輦、檐儿及内人车马，并出候潮门。先命修内司于浙江亭两旁，抓缚席屋五十间，至是并用彩缬幕帟。得旨，从驾百官，各赐酒食，并免侍班，从便观看。先是澉浦金山都统司水军五千人抵江下，至是又命殿司新刺防江水军、临安府水军，并行阅试。军船摆布西兴、龙山两岸近千只。管军官于江面分布五阵，乘骑、弄旗、标枪、舞刀，如履平地。点放五色烟炮满江，及烟收炮息，则诸船尽藏，不见一只。奉圣旨，自管军官已下，并行支犒一次。自龙山已下，贵邸豪民彩幕，凡二十余里，车马骈阗，几无行路。西兴一带，亦皆抓缚幕次，彩绣照江，有如铺锦。市井弄水人有如僧儿、留住等，凡百余人，皆手持十幅彩旗，

及内人的车马，一并出候潮门，先命修内司在浙江亭两旁修建五十间席屋，并且都是用彩缬幕布装饰。得到圣旨的从驾百官，个个都受赐酒食，并且都省免侍奉值班，跟随御驾可随意观看。先是澉浦金山都统司水

踏浪争雄，直至海门迎潮。又有踏混木、水傀儡、水百戏、撮弄等，各呈伎艺，并有支赐。太上喜见颜色，曰："钱塘形胜，东南所无。"上起奏曰："钱塘江潮，亦天下所无有也。"太上宣谕侍宴官，令各赋《酹江月》一曲，至晚进呈。太上以吴琚为第一，其词云："玉虹遥挂，望青山隐隐，一眉如抹。忽觉天风吹海立，好似春霆初发。白马凌空，

军五千人抵达江下，到这时又命殿司新刺防江水军及临安府水军一并进行检阅考试。军船摆布在西兴渡口、龙山两岸，有近千只船。管军官在江面分布排成五方阵形，水军骑着骏马，扬着旗杆，使着标枪，舞弄刀剑，就像踩在平地上一样轻松稳当。随后在江上到处点放五色烟炮，待烟雾散去，炮火停息，则所有的船只都隐藏起来了，江面上不见一只船。奉圣旨，从管军官以下，都给予支付犒赏一次。从龙山以下，王侯贵族豪民，搭建的彩幕长达二十余里，车马聚集，几乎没有可以行走的路。西兴一带，也都是到处扎建着帐篷，彩绣照江就像铺锦一样。百姓中的弄潮儿，如僧儿、留住等有百余人，都手拿着十幅彩旗，踏浪争雄，直到海门迎接大潮。又有踏混木、水傀儡、水百戏、撮弄等，各呈伎艺，都有支付赏赐。太上皇喜笑颜开，说："钱塘形胜，东南所无。"

琼鳌驾水，日夜朝天阙。飞龙舞凤，郁葱环拱吴越。　　此境天下应无，东南形胜，伟观真奇绝。好似吴儿飞彩帜，蹴起一江秋雪。黄屋天临，水犀云拥，看击中流楫。晚来波静，海门飞上明月。”两宫并有宣赐。至月上还内。

淳熙十一年六月初一日，车驾过宫，太上命提举传旨：“盛暑请官家免拜。”至内殿起居，太上令小内侍扶掖免拜，谢恩，太后处亦免拜。太上邀官里便背儿，至冷泉堂，进早膳讫。太上宣谕云：“今岁比常年热甚。”上起答云：“伏中正要如此。”太上云：“今日且留在此纳凉，到晚去。或三省有紧切文字，不妨就幄次进呈。”上领圣旨，遂同至飞来峰，看放水帘。时荷花盛开，太上指池心云：“此种五花同干，近伯圭自湖州进来，前

皇上起身进奏说：“钱塘江潮，也是全天下所没有的啊。”太上皇宣谕侍宴官，令他们各赋一曲《酹江月》，到晚上进呈。太上皇认为吴琚第一，吴琚所赋的词说：“玉虹遥挂，望青山隐隐，一眉如抹。忽觉天风吹海立，好似春霆初发。白马凌空，琼鳌驾水，日夜朝天阙。飞龙舞凤，郁葱环拱吴越。　　此境天下应无，东南形胜，伟观真奇绝。好似吴儿飞彩帜，蹴起一江秋雪。黄屋天临，水犀云拥，看击中流楫。晚来波静，海门飞上明月。”皇上和太上皇都对吴琚有所赏赐。到月亮升起才返回南内。

淳熙十一年（1184）六月初一日，皇上乘坐车驾至德寿宫，太上皇命提举传旨：“大热天的，请皇上免拜吧。”皇上到内殿问候起居，太上皇令小内侍搀扶着，让皇上免拜谢恩，太后处也免拜。太上皇邀请皇上，到冷泉堂进食早膳结束，太上皇宣谕说：

此未见也。”堂前假山、修竹、古松，不见日色，并无暑气。后苑小厮儿三十人，打息气，唱道情。太上云：“此是张抡所撰鼓子词。”后苑进沆瀣浆、雪浸白酒。上起奏曰：“此物恐不宜多吃。”太上曰：“不妨，反觉爽快。”上曰：“毕竟伤脾。”太上首肯，因闲说：“宣和间，公公每遇三伏，多在碧玉壶及风泉馆、万荷庄等处纳凉，此处凉甚。每次侍宴，虽极暑中，亦著衲袄儿也。”命小内侍宣张婉容，至清心堂抚琴，并令棋童下棋，及令内侍投壶赌赛利物则剧。官家进水晶提壶连索儿，可盛白酒二斗，白玉双莲杯盘、碾玉香脱儿一套六个，大金盆一面，盛七宝水戏，并宣押赵喜等教舞水族，又进太皇后白玉香珀扇柄儿四把、龙涎香数珠佩带五十副、真珠香囊等物。直至酉初还内。

“今年比往年都要热啊。”皇上起身回答说：“三伏期间正需要这样啊。”太上皇说：“今天你就留在这纳凉吧，到晚上再回去。如果三省有紧急的文件，不妨让他们进呈到幄帐中来。”皇上领圣旨，于是一同去飞来峰，看放水帘。这时荷花盛开，太上皇指着池心说：“这种荷花是同一枝干五朵花，最近由伯圭从湖州进献而来，以前从没见过。”堂前有假山、修竹、古松，晒不着阳光，感觉并没有暑气。后苑有三十位小男孩，正在打着息气那种乐器，唱着道情那种曲艺。太上皇说：“这是张抡所撰的鼓子词。”后苑进献名叫沆瀣浆的醒酒汤、用雪浸泡的白酒。皇上起奏说：“这东西恐怕是不宜多吃。”太上皇说：“没有关系，反而觉得爽快。”皇上说：“可毕竟伤脾啊。”太上皇点点头，闲聊道：“宣和年间，公公每到三伏天，大多在碧玉壶及风泉馆、万荷庄等地

方纳凉，这里最为凉爽。每次在这侍宴时，即使是三伏天中最热的那些天，也要身着衲袄儿啊。”太上皇命小内侍宣唤张婉容到清心堂抚琴，并命令棋童下棋，及令内侍投壶、赌赛、利物（竞赛的奖品）、则剧（玩赏的物品）。皇上进献给太上皇水晶提壶连索儿，可盛二斗白酒，白玉双莲杯盘、碾玉香脱儿，一套六个，大金盆一个，可盛七宝水戏，并宣押赵喜等教舞水族，又进献给皇太后四把白玉香珀扇柄儿、五十副龙涎香数珠佩带、珍珠香囊等物品。皇上直到酉时才返回南内。

卷捌

北使到阙

·原文·

北使到阙，先遣伴使赐御筵于赤岸之班荆馆，中使传宣抚问，赐龙茶一斤、银合三十两。次日，至北郭税亭茶酒，上马，入余杭门，至都亭驿，中使传宣赐龙茶、银合如前，又赐被褥、银沙锣等。明日，临安府书送酒食，阁门官说朝见仪，投朝见榜子。又明日，入见于紫宸殿。见毕，赴客省茶酒，遂赐宴于垂拱殿。酒五行，从官已上与坐。是日，赐茶酒名果，又赐使、副衣各七事、幞头、牙笏、二十两金带一条，并金鱼袋靴一双、马一匹、鞍辔一副，共折银五十两，银沙锣五十两、色绫绢一百五十匹，余并赐衣带银帛有差。明日，赐牲饩，折博生罗十匹、绫十匹、

·译文·

北使到京城后，大宋先派遣外国专使的陪从人员在赤岸的班荆馆赏赐御筵，宫中派出的使者传宣前来慰问，赏赐一斤龙茶、银合三十两。第二天，到城外北郊税亭以茶酒招待，骑马进入余杭门，到都亭驿站，宫中派出的使者传宣赏赐跟前面一样的龙茶、银合，再赏赐被褥、银沙锣等。明日，临安府文书送酒食，守门的官员来说明朝见皇帝的礼仪，递送朝见皇帝的奏折。又明日，进入紫宸殿朝见皇帝。朝见结束后，赴客省喝茶饮酒，于是在垂拱殿赏赐酒宴。敬酒五次，随从官以上都给予座席。这天，赏赐茶酒名果，再赏赐使、副衣各七件用于治国的事情、幞头（包头软巾）、象牙手板、一条二十两的金带，及一双金鱼袋靴、一匹马、一副鞍辔，共折合银五十两，银沙锣五十两、一百五十匹

绢布各二匹。朝见之二日，与伴使偕往天竺寺烧香，赐沉香三十两，并斋筵、乳糖、酒果。次至冷泉亭、呼猿洞游赏。次日，又赐内中酒果、风药、花饧，赴守岁夜筵，用傀儡。元正，朝贺礼毕，遣大臣就驿，赐御筵，中使传宣劝酒九行。三日，客省签赐酒食，禁中赐酒果，遂赴浙江亭观潮，酒七行。四日，赴玉津园燕射，命善射者假官伴之，赐弓矢，酒行。乐作，伴射与大使射弓，馆伴与副使射弩，酒五行。五日，大燕集英殿，尚书、郎官、监察御史已上并与，学士院撰致语。六日，装班朝辞退，赐袭衣、金带三十两、银沙锣五十两、红锦二色、绫二匹、小绫十色、绢三十匹、杂色绢一百匹，

色绫绢，其余人一并赏赐衣带银帛不等。明日，赏赐牲畜，十匹折博生罗、十匹绫、两匹绢和布。北使朝见皇帝的第二天，与外国专使的陪从人员一起前往天竺寺烧香，赏赐三十两沉香及斋筵、乳糖、酒果。接着去冷泉亭、呼猿洞游玩欣赏。次日，又赏赐宫内的酒果、风药和花饧，赴守岁的夜筵，上演傀儡戏。元旦这天，朝贺的礼仪结束后，派遣大臣去驿馆，赏赐皇帝御赐的筵席，宫中派出的使者传宣劝酒九次。正月三日，客省签赐酒食，宫内赐酒果，于是赴浙江亭观潮，劝酒七次。正月四日，赴玉津园宴饮射箭，诏令善于射箭的人装扮成官员陪伴，赏赐弓箭，饮酒。音乐响起，伴射与大使射弓，馆伴与副使射弩，劝酒五次。正月五日，大宴集英殿，尚书、郎官、监察御史以上官员

余各有差。临安府书送赠仪，复遣执政就驿赐燕，晚赴解换夜筵，伴使始与亲劝酬，且以衣物为侑，谓之“私觌”。次日，赐龙凤茶、金银合，乘马出北关，登舟。又次日，遣近臣赐御筵，自到阙至朝辞，密赐大使银一千四百两，副使八百八十两，衣各三袭，金带各三条；都管、上节各银四十两、衣二袭，中、下节各银三十两、衣一袭、涂金带副之。

一同参与，学士院撰写颂辞。正月六日，北使整装告辞，皇帝赏赐衣服、金带三十两、银沙锣五十两、红锦二色、两匹绫、十色小绫、三十匹绢、一百匹杂色绢，其余各有不等。临安府文书送来赠送的礼物，再次派遣执政到驿馆赐宴，晚赴解换夜筵（送行晚宴）。伴使开始亲自劝酒，并且以衣物相赠来助食兴，称为“私觌”。第二日，赏赐龙凤茶、金银合，乘马出北关，登舟。再后一日，派遣近臣赏赐皇帝御赐的筵席，从到京城至朝见告辞，秘密赐予使臣一千四百两银子，副使八百八十两，衣各三袭，金带各三条；都管、上节各四十两银子，衣二袭；中、下节各三十两银子，衣一袭，附上涂金带。

册皇后仪

原文

先一日，宣押翰林学士锁院草册后制词，赐学士润笔金二百两。次日，百官听宣布，皇后三辞免，不允。差官奏告天地、宗庙、社稷、诸陵，太史局择日，先期命有司陈设。至日早，文武百僚集于大庆殿门外，节次赞引执事官入，立班定。皇帝自内服幞头、红袍、玉带、靴入幄，更服通天冠、绛纱袍，礼部侍郎奏中严外办。礼仪使俯伏跪称："礼仪使臣某言，请皇帝发册。"（余与德寿宫上册宝礼仪并同。）侍中诣御坐前，躬承旨讫，降东阶立，称有制，皆再拜。太傅、太保躬身，侍中宣制曰："册妃某氏，立为皇后。命公等持节展礼。"太傅、太保再拜。

译文

典礼前一天，令翰林学士关闭院门草拟册封皇后制词，赏赐学士润笔金二百两。第二天，百官听宣布，皇后三次请求辞免，不允。差官奏告天地、宗庙、社稷、诸陵，太史局选择吉日，约定吉期后诏命有司准备。等到吉日那天早晨，文武百官汇集在大庆殿门外，依照次序，司仪引导执事官进入大庆殿，依品级高低站立。皇帝从宫内身着幞头、红袍、玉带、靴进入帷帐，换穿通天冠、绛纱袍，礼部侍郎奏请举行中严、外办仪式。礼仪使低首跪地伏拜说："礼仪使臣某言：请皇帝发册。"（其他与德寿宫上册宝的礼仪一样。）侍中到皇帝座席前面，躬承圣旨完毕，到东阶站立，称皇帝有诏令，文武百官再次伏拜。太傅、太保起身鞠躬。侍中宣布皇帝诏令说："册妃某氏，立为皇

参政帅掌节者脱节衣，诣太傅位；掌节者以节授参政；参政奉节西向，以节授太傅；太傅受讫，以节授掌节者。次中书令以册授太傅，太傅受讫，置于案。次侍中转宝授太保，并如前仪。复位，并再拜。持节者前导，册、宝进行，太傅押册，太保押宝（《正安乐》作），由中道出文德殿东偏门（乐止），掌节者加节衣，至穆清殿外幄次，初册宝出门，礼仪使至御座前跪奏："礼仪使臣某言，礼毕。"内侍承旨索扇，扇合，帘降，鸣鞭，

后。命公等持节展礼。"太傅、太保再次伏拜。参政带领掌节者脱去节的外套，到太傅所站之位；掌节者授给参政以节；参政拿着节向西，把节授给太傅；太傅接受节以后，再以节授给掌节者。其次，中书令把册授给太傅，太傅接受以后，放置在案几上。再次，侍中转交宝玺给太保，与前面的仪式一样。回到原位，并再次伏拜。持节者在前引导，册书、宝玺仪式进行，太傅押册，太保押宝（《正安乐》音乐响起），从道路的中间出文德殿东偏门（音乐停止），掌节者加上节的外套，到穆清殿外帷帐，开始是册书、宝玺出门，

协律郎举麾，鼓柷（《乾安乐》作）。皇帝降坐，入东房，戛敔（乐止）。侍中版奏解严。是日，穆清殿设乐架、黄麾仗，皇后常服，乘金龙肩舆，至穆清殿后西阁，内命妇等应陪列者奉从至阁内，侍中版奏中严外办。应行事执事官，各就门外位立定，持节者立于左，内命妇各就位。皇后首饰、袆衣，内侍引司言，司言引尚宫，尚宫引皇后出阁，协律郎举麾（《坤安乐》作），由西房至殿上，南向立定（乐止）。礼直官引太傅、太保就内给事前西向，跪称："册使太傅某、副使太保某，奉制授皇后前备物、典册。"俯伏，兴退，复位。内给事诣皇后前跪奏如前，次太傅以册授内侍，内持受册，举册官奠册，举册举案，俱诣内谒者监位，以册授内谒

礼仪使到御座前跪奏："礼仪使臣某言，礼仪结束。"内侍承旨索要扇子，扇子合上，卷帘降下，鸣鞭，协律郎举旗，敲击乐器柷（《乾安乐》响起）。皇帝落座，进入东房，敲打敔（音乐停止）。侍中持板启奏解除戒严状态。这一天，穆清殿设立乐架、黄麾仗，皇后着常服，乘金龙轿子到穆清殿后西殿，内命妇等应陪列并奉从到殿内，侍中持板启奏举行中严、外办仪式。应行事执事官，各自到门外位置立定，

者监，受册奠讫。次太保转宝授内谒者监如前仪，掌节者脱节衣，以节授掌节。内侍前导册、宝进行入殿门，内谒者监、都大主管后从，以次入殿庭（《宜安乐》作），至位（乐止）。尚宫引皇后自东阶至殿下中褥位北向（《承安乐》作），至位（乐止）。举册宝官并案进于皇后之右少前，西向跪奠讫。内侍称有制，后再拜。读册官跪宣册文，后又再拜。次内谒者监奉册授皇后，皇后受讫，以授司言。次奉宝授皇后，皇后受讫（乐止），皇后再拜，退。内侍以谢皇太后笺授皇后，皇后置于案，再拜。内侍奉表以出投进。次谢皇帝表如前。内侍奏礼毕。次尚宫引皇后升堂（《和安乐》作），司宝奉宝，至于坐前（乐止）。司宾引内命妇次就位，

持节的人在左边站立，内命妇各就各位。皇后身着首饰、袆衣，内侍引司言，司言引尚宫，尚宫引皇后出殿，协律郎举棋（《坤安乐》响起），从西房到殿上，向南站立定（音乐停止）。礼直官导引太傅、太保到内给事前向西，下跪说："册使太傅某、副使太保某，奉诏令授皇后前备物、典册。"俯首伏拜，起身退下，回到原来位置。内给事到皇后跟前像之前一样跪奏，然后由太傅授书册给内侍，内持接受书册以后，举册官进献册、举书册和托盘，都一并送到内谒者监的位置上，授给内谒者监书册，内谒者监接受书册进献仪式完毕。然后太保像前面的礼仪一样将宝玺授给内谒者监。掌节的人脱去节的外套，将节授给掌节的人，内侍在跟前引导书册、宝玺进入殿门，内谒的人监督，大主管在后面跟随，依次进入殿庭（《宜安乐》响起），在到达位置之后（音乐停止），

班首初行（《惠安乐》作），至位（乐止）。命妇皆再拜。司赞引班首升阶（《惠安乐》作，乐止），进当皇后北向致词称赞，降自西阶（《惠安乐》作），至位（乐止）。内外命妇皆再拜。司言称“令旨”，命妇皆再拜。宣令旨讫，又皆再拜。司宾以次引命妇还宫（《惠

尚宫引导皇后从东阶至殿下中间的铺有锦褥的向北座位（《承安乐》响起），到达位置之后（音乐停止）。举册宝官把书册、宝玺连同托盘进献到皇后的右侧稍微靠前的地方，向西跪着行进献礼。结束后，内侍称有诏令。然后再跪拜，读册官跪着宣读册文，读后又再跪拜。紧接着次内谒者监把书册授给皇后，皇后接受之后，把它交给宫中女官司言。接着就是把宝玺授给皇后，皇后接受之后（音乐停止），再跪拜，退下。内侍官把谢皇太后笺授给皇后，皇后把它放在案上，再次跪拜。内侍官把谢表文拿出来交给皇后。接着是宣读谢皇帝表，跟前面的礼节一样。内侍奏礼结束。接着是尚宫引导皇后升堂（《和安乐》响起），司宝官进奉宝玺到皇后所坐的位置跟前（音乐停止）。司宾官引导内命妇依次就位，班首先走（《惠

安乐》作），出门（乐止）。次内侍引外命妇出（《咸安乐》作），至阶上（乐止）。北向致词（《咸安乐》作），降阶（乐止）。外命妇皆再拜，又宣答如前。内侍奏礼毕，皇后降坐（《徽安乐》作），皇后归阁（《泰安乐》作），至阁（乐止）。受贺毕，皇后更常服升坐，命外命妇如宫中仪，会毕两拜，以次出。

安乐》响起），到达位置之后（音乐停止）。内命妇再次跪拜。司赞官引导班首升阶（《惠安乐》响起，音乐停止），进殿面对皇后，向北致辞称赞，再从西面台阶下来（《惠安乐》响起），到达位置之后（音乐停止）。内命妇和外命妇都需要再次跪拜，司言说："令旨（皇帝命令）。"内命妇都再行跪拜礼。宣读皇帝命令结束后，又都再行跪拜礼。司宾官依次引导内命妇回宫（《惠安乐》响起），出宫门（音乐停止）。接着是内侍官引导外命妇出宫门（《咸安乐》响起），到达台阶上（音乐停止）。向北致辞（《咸安乐》响起），下台阶（音乐停止）。外命妇都再行跪拜礼。又宣读皇帝制词以表答谢，仪式跟前面一样。内侍官奏礼结束后，皇后落座，皇后开始返回楼阁（《泰安乐》响起），到达楼阁（音乐停止）。整个受贺的礼仪结束。皇后换成日常所穿的衣服上坐，命令外命妇到宫中参加仪式，仪式结束后，行两次跪拜礼，再依次出去。

皇子行冠礼仪略

·原文·

太史择日，降旨，令太常寺参酌旧礼，有司具办仪物。至日质明，百僚立班，皇帝即御座，礼直官、通事舍人、太常博士引掌冠、赞冠者入就位。（掌冠以太常卿，赞冠以阁门官。）初入门（《祇安乐》作），至位（乐止）。典仪赞“再拜”，在位皆再拜，跪。左辅诣御坐前承制，降自东阶，诣掌冠者前，称“有制”，典仪赞“再拜”，在位皆再拜讫。左辅宣制曰：“皇子冠，命卿等行礼。”掌冠、赞冠者再拜，左辅复位。王府官入诣皇子东房，礼直官、通事舍人、太常博士引皇子内侍二人夹侍，王府官后从（自后并准此）。皇子初行（《恭安乐》作），即席，

·译文·

太史局的官员选好吉日，下发圣旨，令太常寺官员参照以前的礼制，各相关的官吏备办举行礼仪的物品。到吉日那天天刚亮的时候，朝廷百官依照品级依次站立，皇帝于御座就座，礼直官、通事舍人、太常博士引掌冠、赞冠人进入就位（掌冠用太常卿，赞冠用阁门官）。皇子刚开始入门（《祇安乐》响起），到了位置（音乐停止），典仪唱赞“再拜”，所有官员均再拜跪下。左辅官到皇帝御座跟前秉承皇帝旨意开始行事，从东阶下来，到掌冠的人跟前说：“有诏令。”典仪唱赞“再拜”，所有官员均再次跪拜，左辅官宣读诏令说：“皇子弱冠，诏令卿等行礼。”掌冠、赞冠的人再次跪拜，左辅官回到原来的位置。王府官进入皇子的东房，礼直官、通事舍人、太常博士引导皇子内侍二人夹侍左右，王府官跟在后面（自此以后都以此为准）。皇子开始行走（奏《恭安

南向坐（乐止）。礼直官等引掌冠、赞冠诣罍洗（乐作），搢笏、盥手、帨手讫，执笏升（乐止）。执折上巾者升，掌冠者降一等受之，右执项、左执前进皇子席前，北向跪冠（《修安乐》作）。掌冠者兴，席南北面立，赞者进席前，北面跪正冠，兴，立于掌冠者后。皇子兴，内侍跪进服，服讫（乐止），掌冠者揖皇子复坐。赞冠者跪取爵，内侍以酒注于爵，掌冠受爵，跪进皇子席前，北向立，祝曰："酒醴和旨，笾豆静嘉。授尔元服，

乐》），到达位置后向南落座（停止奏乐）。礼直官等引掌冠、赞冠二人到达罍洗前（奏乐），插着笏板、洗手、洗完后用帨巾擦干，拿着笏板往上走（停止奏乐）。拿着折上巾这种冠帽的官吏往殿堂上走，掌冠的人下一个台阶接受折上巾，右执项、左执前，进奉至皇子席座前，向北跪着给皇子加冠（奏《修安乐》）。掌冠的人站起来，坐南朝北站立，赞唱官到达皇子席座跟前，向北面跪坐帮皇子整冠正冠，起来，站立在掌冠的人后面。皇子站起身，内侍官跪着进奉礼服。皇子穿好礼服之后（停止奏乐），掌冠的人拜揖请皇子重新落座。赞冠的人跪着取爵，内侍官往爵内倒入酒，掌冠的人再接过装了酒的爵，在皇子座席前跪着进奉，向北站立，念祝词道："酒醇和而甘美，笾豆洁净而美好。授您元服（指冠）之礼，兄弟俱来。上天永远保佑，普遍降幅。"皇

兄弟具来。永言保之，降福孔皆。”皇子搢笏跪受爵（《翼安乐》作），饮讫，奠爵。执笏。太官令奉馔，设于皇子席前，皇子搢笏食讫（乐止）。执笏太官令撤馔，礼直官等复引掌冠、赞冠降诣罍洗（乐作），搢笏、盥水，执笏升（乐止）。赞冠者进席前，北向跪，脱折上巾，置于匴，兴；内侍跪受服，兴，置于席。执七梁冠者升，掌冠者降二等受之。右执项、左执前进皇子席前，北向跪冠（《进安乐》作），掌冠者兴，席南北面立，赞者进席前，北面跪，簪结纮，兴，立于掌冠者之后。皇子兴，内侍跪进服，服讫（乐止），赞冠者揖皇子复坐。赞冠者跪取爵，内侍以酒注爵，掌冠者跪受，进爵皇子席前，北向立，祝曰：“宾赞既戒，肴核惟旅。申加厥服，

子把笏板插在腰带上，跪着接过爵（奏《翼安乐》），饮酒之后，把爵放下。拿起笏板。太官令在皇子席前进奉蔬果酒食，皇子把笏板插在腰带上，吃完后（停止奏乐），拿着笏板。太官令撤去蔬果酒食，礼直官等再次引导掌冠、赞冠人下一台阶到罍洗前（奏乐），插着笏板、洗手，拿着笏板上一台阶（停止奏乐）。赞冠人进到皇子席前，向北跪着，取下折上巾，放在匴（竹箱）中，然后起身，内侍跪着接过礼服，起身，把礼服放置在皇子的席座上。拿着七梁冠的人上一台阶，掌冠人下两级台阶接过来。右执项、左执前移到皇子席前，向北跪着给皇子加冠（奏《进安乐》），掌冠人起身，坐南向北面站立，赞者到皇子席前，向北跪着帮皇子插戴簪子、系帽带，起身，站立在掌冠人后面。皇子起身，内侍跪着穿礼服，礼服穿好后（停止奏乐），赞冠人拜揖，皇子请

礼仪有序。允观尔诚，受天之祜。”皇子搢笏跪受爵（《辅安乐》作），饮讫，奠爵，执笏。太官令进馔、撤馔并如前。赞冠者进席前，北向跪，脱七梁冠，置于匴，兴；内侍跪受服，兴，置于席。执九旒冕者升，掌冠者降三等受之，右执项左执前进皇子席前，北向跪冠（《广安乐》作），掌冠者兴，赞冠者进席前，北面跪，簪结纮，兴，立。皇子兴，内侍进服，服讫（乐止），皇子复坐。赞冠者再进酒如前，祝曰：“旨酒既清，嘉荐令芳。三加尔服，眉寿无疆。永承天庥，俾炽而昌。”皇子跪受爵（《咸安乐》作），太官令奉馔如前。皇子降自东阶，诣朵殿东房，易朝服，降立于横街南王府官阶下，西向。皇子初行（乐作），至位（乐止）。

他重新就座。赞冠人跪着接过爵，内侍官往爵里倒酒，掌冠人跪着把倒满酒的爵接过来，进奉到皇子的席前，向北站立，念祝文说：“宾赞已经具备，肴核非常丰盛。给您穿戴礼服，礼仪庄严有序。看您一片真诚，接受上天赐福。”皇子把笏板插在腰带上跪着接过爵（奏《辅安乐》），喝完，把爵放稳妥，再拿着笏板。太官令按之前的礼仪一样进奉和撤去蔬果酒食。赞冠人到皇子席前向北跪着帮皇子脱下七梁冠，放进匴（竹箱）内，起身；内侍官跪着接过皇子礼服，起身，放在皇子席前。拿着九旒冕的内侍上一台阶，掌冠人连下三级台阶接过来，右执项、左执前到皇子席前，向北跪着给皇子加冠（奏《广安乐》），掌冠人起身，赞冠人至皇子席前，面向北跪着帮皇子插戴簪子、系帽带，起身，站立。皇子起身，内侍官进奉礼服，穿好礼服后（停止奏乐），皇子重

礼直官等引掌冠者诣皇子位，少进，字之曰："岁日云吉，威仪孔时。昭告厥字，君子攸宜。顺尔成德，永言保之。奉敕字某。"皇子再拜，舞蹈，再拜，奏"圣躬万福"，又再拜。左辅诣御坐前承旨，降阶，诣皇子前宣曰："有敕。"皇子再拜，左辅宣敕戒曰："好礼乐善，服儒讲艺。蕃我王室，友于兄弟。不溢不骄，惟以守之。"皇子再拜，余如皇太子仪。次日，文武百僚诣东上阁门，拜表称贺。

新落座。赞冠人再次按之前的仪式进奉酒，念祝文说："美酒清醇，祭品美好芳香。三次给您穿戴礼服，长寿无疆。永远得到上天庇佑，世代荣昌。"皇子跪着接过爵（奏《咸安乐》），太官令重新摆放与之前一样的蔬果酒食。皇子从东阶下去，到朵殿东房更换朝服，下到横街南王府官阶下面朝西站立。皇子开始行走（奏乐），到达位置后（停止奏乐）。礼直官等引导掌冠人到皇子的席位，稍微向前，给皇子取字说："元旦吉日，威仪适时。明白地告知您的字，君子适宜。顺从您应有的品德，永远保佑您。奉皇帝的诏令，给您取字为某。"皇子再次跪拜，舞蹈，再次跪拜，奏"圣躬万福"乐曲，又跪拜。左辅官到御座前接圣旨走下台阶，到皇子跟前宣读："有诏令。"皇子跪拜，左辅官宣读皇帝教诫说："好礼乐善，服儒讲艺。蕃我王室，友于兄弟。不溢不骄，惟以守之。"宣读结束后，皇子再次跪拜，其余的就跟皇太子的礼仪一样。第二天，文武百官都去东上阁门，上奏章称贺。

卷玖

高宗幸张府节次略（节选）

·原文·

绍兴二十一年十月，高宗幸清河郡王第，供进御筵节次如后：

安民靖难功臣、太傅、静江宁武靖海军节度使、醴泉观使、清河郡王，臣张俊进奉：

绣花高饤一行八果垒：香圆、真柑、石榴、枨子、鹅梨、乳梨、榠楂、花木瓜。

乐仙干果子叉袋儿一行：荔枝、圆眼、香莲、榧子、榛子、松子、银杏、梨肉、枣圈、莲子肉、林檎旋、大蒸枣。

缕金香药一行：脑子花儿、甘草花儿、朱砂圆子、

·译文·

绍兴二十一年（1151）十月，宋高宗赵构巡幸清河郡王的府邸，供进宋高宗命设酒席的次序如后：

安民靖难功臣、太傅、静江宁武靖海军节度使、醴泉观使、清河郡王臣张俊进奉：

一行八果垒的绣花高饤：香圆、真柑、石榴、枨子、鹅梨、乳梨、榠楂、花木瓜。

一行乐仙干果子叉袋儿：荔枝、圆眼、香莲、榧子、榛子、松子、银杏、梨肉、枣圈、莲子肉、林檎旋、大蒸枣。

一行缕金香药：脑子花儿、甘草花儿、朱砂圆子、木香、丁香、水龙脑、史君子、缩砂花儿、官桂花儿、

木香、丁香、水龙脑、史君子、缩砂花儿、官桂花儿、白术、人参、橄榄花儿。

雕花蜜煎一行：雕花梅球儿、红消花、雕花笋、蜜冬瓜鱼儿、雕花红团花、木瓜大段儿、雕花金橘、青梅荷叶儿、雕花姜、蜜笋花儿、雕花枨子、木瓜方花儿。

砌香咸酸一行：香药木瓜、椒梅、香药藤花、砌香樱桃、紫苏柰香、砌香萱花柳儿、砌香葡萄、甘草花儿、姜丝梅、梅肉饼儿、水红姜、杂丝梅饼儿。

脯腊一行：肉线条子、皂角铤子、云梦

白术、人参、橄榄花儿。

一行雕花蜜煎：雕花梅球儿、红消花、雕花笋、蜜冬瓜鱼儿、雕花红团花、木瓜大段儿、雕花金橘、青梅荷叶儿、雕花姜、蜜笋花儿、雕花枨子、木瓜方花儿。

一行砌香咸酸：香药木瓜、椒梅、香药藤花、砌香樱桃、紫苏柰香、砌香萱花柳儿、砌香葡萄、甘草花儿、姜丝梅、梅肉饼儿、水红姜、杂丝梅饼儿。

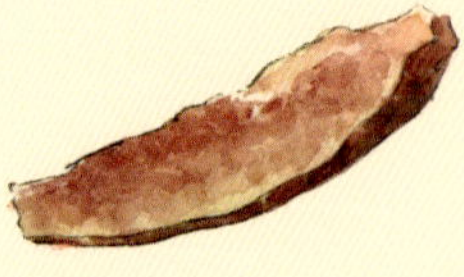

一行脯腊：肉线条子、皂角铤子、云梦豝儿、虾腊、肉腊、奶房、旋鲊、金山咸豉、

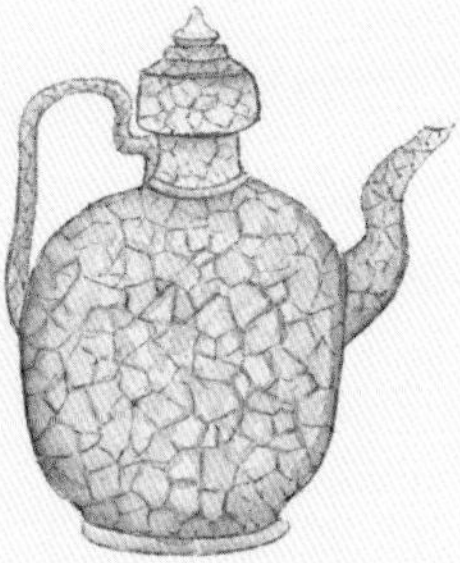

羓儿、虾腊、肉腊、奶房、旋鲊、金山咸豉、酒醋肉、肉瓜齑。

垂手八盘子：拣蜂儿、番蒲萄、香莲事件、念珠巴榄子、大金橘、新椰子象牙板、小橄榄、榆柑子。

酒醋肉、肉瓜齑。

八盘子垂手：拣蜂儿、番葡萄、香莲事件、念珠巴榄子、大金橘、新椰子象牙板、小橄榄、榆柑子。

卷拾

张约斋赏心乐事（并序）

·原文·

余扫轨林扃，不知衰老。节物迁变，花鸟泉石，领会无余。每适意时，相羊小园，殆觉风景与人为一。闲引客携觞，或幅巾曳杖，啸歌往来，淡然忘归。因排比十有二月燕游次序，名之曰《四并集》，授小庵主人，以备遗忘，非有故，当力行之。然为具真率，毋致劳费及暴殄沉湎，则天之所以与我者，为无负无亵。昔贤有云："不为俗情所染，方能说法度人。"盖光明藏中，孰非游戏，若心常清净，离诸取著，于有差别境中，而能常入无差别定，则淫房酒肆，偏历道场，鼓乐音声，皆谈般若。倘情生智隔，境逐源移，如鸟黏黐，动伤躯命，又乌知所谓说法度人者哉！圣

·译文·

自从我隔绝人事，隐居林园，则忘记了人会变老这事。节气物候的变迁，花鸟泉石，尽情领会。每当适意时，徘徊于小园中，几乎觉得风景与人合二为一。闲暇时分，引访客携觞，有时头裹幅巾，手持竹杖，往来啸歌，心里觉得恬淡而忘记回家。因编排一年十二月的燕游次序，故取名为《四并集》，并赠予小庵主人，以备日后遗忘时有所托，只要没有什么变故，则当身体力行。但游玩的行为真诚直率，不至于耗费人力、财力，不任意浪费，不沉溺酒色，所以上天给予我的是无辜负、无亵渎。以前的圣贤曾说："不牵累于世俗之情，方能说法度人。"大概光明藏于内心，谁不是游戏人生，如果内心常常清净，远离执取

朝中兴七十余载，故家风流，沦落几尽。有闻前辈典刑，识南湖之清狂者，必长哦曰："人生不满百，常怀千岁忧。昼短苦夜长，何不秉烛游。"一旦相逢，不为生客。嘉

泰元年岁次辛酉十有二月，约斋居士书。

正月孟春：岁节家宴、立春日迎春春盘、人日煎饼会、玉照堂赏梅、天街观灯、诸馆赏灯、丛奎阁赏山茶、湖山寻梅、揽月桥看新柳、安闲堂扫雪。

二月仲春：现乐堂赏瑞香、社日社饭、玉照堂西赏缃梅、南湖挑菜、玉照堂东赏红梅、餐霞轩看樱桃花、杏花庄赏杏花、群仙绘幅楼前打球、南湖泛舟、绮互亭赏千叶茶花、马塍看花。

三月季春：生朝家宴、曲水修禊、花院观月季、花院观桃柳、寒食祭先扫松、清明踏青郊行、苍寒堂西赏绯碧桃、满霜亭北观棣棠、碧宇观笋、斗春堂赏牡丹芍药、芳草亭观草、宜雨亭赏千叶海棠、花苑蹴秋千、宜雨亭北观黄蔷薇、花院

贪著，在有差别之境遇中而能入无差别的禅定境界，则于淫房酒肆、遍历道场、鼓乐音声之中，都可以畅谈佛家般若（智慧）。倘若产生了感情，阻碍了智慧，心境随着事物发生的根源而转移，就像鸟儿粘在木胶上，一飞动就损伤身躯，又怎么会知道所谓“说法度人”的情况呢！宋朝已中兴七十余年，世家大族的流风逸韵沦落殆尽。曾听说前辈典范，认得南湖的放逸不羁之人，必长吟道：“人生不满百，常怀千岁忧。昼短苦夜长，何不秉烛游。”一旦二人相逢，便不是陌生之客。嘉泰元年（1201）岁次辛酉十二月，约斋居士张镃书。

正月孟春：春节家宴、立春日吃迎春吃春盘、正月初七煎饼会、玉照堂赏梅、天街观灯、诸馆赏灯、丛奎阁赏山茶、湖山寻梅、揽月桥看新柳、安闲堂扫雪。

赏紫牡丹、艳香馆观林檎花、现乐堂观大花、花院尝煮酒、瀛峦胜处赏山茶、经寮斗新茶、群仙绘幅楼下赏芍药。

四月孟夏：初八日亦庵早斋随诣南湖放生食糕糜、芳草亭赏斗草、芙蓉池赏新荷、蕊珠洞赏荼蘼、满霜亭观橘花、玉照堂尝青梅、艳香馆赏长春花、安闲堂观紫笑、群仙绘幅楼前观玫瑰、禅堂观盘子山丹、餐霞轩赏樱桃、南湖观杂花、鸥渚亭观五色莺

二月仲春：现乐堂赏瑞香、社日社饭、玉照堂西赏缃梅、南湖挑菜节、玉照堂东赏红梅、餐霞轩看樱桃花、杏花庄赏杏花、群仙绘幅楼前打球、南湖泛舟、绮互亭赏千叶茶花、马塍看花。

三月季春：生朝（生日）家宴、曲水修禊、花院观月季、花院观桃柳、寒食祭祖先扫墓、清明踏青郊行、苍寒堂西赏绯碧桃、满霜亭北观棣棠、碧宇观笋、斗春堂赏牡丹芍药、芳草亭观草、宜雨亭赏千叶海棠、花苑蹴秋千、宜雨亭北观黄蔷薇、花院赏紫牡丹、艳香馆观林檎花、现乐堂观大花、花院尝煮酒、瀛峦胜处赏山茶、经寮斗新茶、群仙绘幅楼下赏芍药。

四月孟夏：初八日到亦庵吃早斋，随后到南湖放生、食

粟花。

五月仲夏：清夏堂观鱼、听莺亭摘瓜、安闲堂解粽、重午节泛蒲家宴、烟波观碧芦、夏至日鹅炙、绮互亭观大笑花、南湖观

糕糜，芳草亭赏斗草、芙蓉池赏新荷、蕊珠洞赏荼蘼、满霜亭观橘花、玉照堂尝青梅、艳香馆赏长春花、安闲堂观紫笑、群仙绘幅楼前观玫瑰、禅堂观盘子山丹、餐霞轩赏樱桃、南湖观杂花、鸥

萱草、鸥渚亭观五色蜀葵、水北书院采蘋、清夏堂赏杨梅、从奎阁前赏榴花、艳香馆尝蜜林擒、摘星轩赏枇杷。

六月季夏：西湖泛舟、现乐堂尝花白酒、楼下避暑、苍寒堂后碧莲、碧宇竹林避暑、南湖湖心亭纳凉、芙蓉池赏荷花、约斋赏夏菊、霞川食桃、清夏堂赏新荔枝。

七月孟秋：从奎阁上乞巧

渚亭观五色莺粟花。

五月仲夏：清夏堂观鱼、听莺亭摘瓜、安闲堂解粽、重午（端午）节泛蒲家宴、烟波观碧芦、夏至日吃烤鹅、绮互亭观大笑花、南湖观萱草、鸥渚亭观五色蜀葵、水北书院采蘋、清夏堂赏杨梅、从奎阁前赏榴花、艳香馆尝蜜林檎、摘星轩赏枇杷。

六月季夏：西湖泛舟、现乐堂尝花白酒、楼下避暑、苍寒堂后碧莲、碧宇竹林避暑、南湖湖心亭纳凉、芙蓉池赏荷花、约斋赏夏菊、霞川食桃、清夏堂赏新荔枝。

七月孟秋：从奎阁上乞巧家宴、餐霞轩观五色凤儿、立秋日秋叶宴、玉照堂赏玉簪花、西湖荷花泛舟、南湖观种植、应铉斋东赏葡萄、霞川观云、珍林剥枣。

八月仲秋：湖山寻桂、现乐堂赏秋菊、社日糕会、众妙峰赏

家宴、餐霞轩观五色凤儿、立秋日秋叶宴、玉照堂赏玉簪、西湖荷花泛舟、南湖观稼、应铉斋东赏葡萄、霞川观云、珍林剥枣。

八月仲秋：湖山寻桂、现乐堂赏秋菊、社日糕会、众妙峰赏木樨、中秋摘星楼赏月家宴、霞川观野菊、绮互亭赏千叶木樨、浙江亭观潮、群仙绘幅楼观月、桂隐攀桂、杏花庄观鸡冠黄葵。

九月季秋：重九家宴、九日登

木樨、中秋摘星楼赏月家宴、霞川观野菊、绮互亭赏千叶木樨、浙江亭观潮、群仙绘幅楼观月、桂隐攀桂、杏花庄观鸡冠花和黄葵花。

九月季秋：重九家宴、九日登高把茱萸、把菊亭采菊、苏堤上玩芙蓉、珍林尝时新水果、景全轩尝金橘、满霜亭尝巨螯香橙、杏花庄过滤新酒、芙蓉池赏五色拒霜（木芙蓉）。

十月孟冬：第二天开炉家宴、立冬日家宴、现乐堂暖炉、满霜亭赏早霜、烟波观买市、赏小春花、杏花庄挑荠菜、诗禅堂试香、绘幅楼庆暖阁。

十一月仲冬：摘星轩观枇杷花、冬至节家宴、绘幅楼食馄饨、味空亭赏蜡梅、孤山探梅、苍寒堂赏南天竺、花院赏水仙、绘幅楼前赏雪、绘幅楼削雪煎茶。

高把萸、把菊亭采菊、苏堤上玩芙蓉、珍林尝时果、景全轩尝金橘、满霜亭尝巨螯香橙、杏花庄笃新酒、芙蓉池赏五色拒霜。

十月孟冬：旦日开炉家宴、立冬日家宴、现乐堂暖炉、满霜亭赏蚤霜、烟波观买市、赏小春花、杏花庄挑荠、诗禅堂试香、绘幅楼庆暖阁。

十一月仲冬：摘星轩观批杷花、冬至节家宴、绘幅楼食馄饨、味空亭赏腊梅、孤山探梅、苍寒堂赏南天竺、花院赏水仙、绘幅楼前赏雪、绘幅楼削雪煎茶。

十二月季冬：绮互亭赏檀香腊梅、天街阅市、南湖赏雪、家宴试灯、湖山探梅、花院观兰花、瀛峦胜处赏雪、二十四夜饧果食、玉照堂赏梅、除夜守岁家宴、起建新岁集福功德。

十二月季冬：绮互亭赏檀香蜡梅、天街游观市肆、南湖赏雪、家宴试灯、湖山探梅、花院观兰花、瀛峦佳胜处赏雪、二十四夜糖果食、玉照堂赏梅、除夜守岁家宴、建造新岁集福功德。

约斋桂隐百课

原文

淳熙丁未秋，余舍所居为梵刹，爰命桂隐堂馆桥池诸名，各赋小诗，总八十余首。逮庆元庚申，历十有四年之久，匠生于心，指随景变，移徙更葺，规模始全，因删易增补，得诗凡数百。纲举而言之：东寺为报上严先之地；西宅为安身携幼之所；南湖则管领风月；北园则娱燕宾亲；亦庵，晨居植福以资净业也；约斋，昼处观书以助老学也。至于畅怀林泉，登赏吟啸，则又有众妙峰山，包罗幽旷，介于前六者之间。区区安恬嗜静之志，造物亦不相负矣。或问余曰：“造物不负子，子亦忍负造物哉？释名宦之拘囚，享天真之乐适，要当于筋骸未衰时。今子三仕中朝，颠华齿堕，涉笔才十二旬，如之何则可？”余应之曰：“仕虽多，

译文

淳熙丁未（1187）年秋天，我把自己的住所捐为佛寺，于是给桂隐堂馆桥池等命名，并各赋小诗，总共八十余首。待到庆元庚申（1200）年，已有十四年之久了，巧思生于心，手法随景变，移徙修理，规模始全，因而删改增补，得诗凡数百首。就纲举目张而言：东寺是祭祀神灵祖先的地方；西宅是安身携幼的地方；南湖则是管领风月的地方；北园则是娱燕宾亲的地方；亦庵，晨居造福以资助与修行相关的净业；约斋，白日观书以益老学。至于畅怀林泉，登赏吟啸，则又有众妙峰山，包罗幽旷之境，处于前六者之间。我这小小的安静、恬淡、好静的心志，相信大自然也不会相负的。有人问我说：“大自然不负你，你又怎么忍心辜负大自然呢？解除名声与官职的束缚，享受天真的

不使胜闲日，余之愿也，余之幸也，敢不勉旃。”壬戌岁中夏，张镃功父书。

东寺（敕额广寿慧云）：大雄尊阁（千佛铁像）、静高堂（寝室）、真如轩（种竹）。

西宅：从奎阁（安奉被赐四朝宸翰）、德勋堂（祖庙。以高宗御书二字名）、儒闻堂（前堂。用告词字取名）、现乐堂（中堂。用朱岩壑语）、安闲堂（后堂）、绮互亭（有小四轩）、瀛峦胜处（东北小堂前后山水）、柳塘花院、应铉斋（筮得鼎卦，故名）、振藻（取告词中字名）、宴颐轩、尚友轩、赏真亭（山水）。

快乐闲适，当在筋骨健壮未衰老时。如今，你在朝廷三次做官，已年老得发皓齿落，从事诗文写作才十二年，怎么做才行啊？”我回答说：“我做官时间虽多，但不能使做官乐趣胜过闲暇之日，这是我的心愿，也是我的幸运，我哪里敢不勉力而行呢？”壬戌（1202）岁仲夏，张镃功父书。

东寺（皇帝赐匾额“广寿慧云”）：大雄尊阁（千佛铁像）、静高堂（寝室）、真如轩（种竹）。

西宅：从奎阁（安奉被赐四朝宸翰）、德勋堂（祖庙。以高宗御书二字名）、儒闻堂（前堂。用告词字取名）、现乐堂（中堂。用朱岩壑语）、安闲堂（后堂）、绮互亭（有小四轩）、瀛峦胜处（东北小堂前后山水）、柳塘花院、应铉斋（筮得鼎卦，故名）、振藻（取告词中字名）、宴颐轩、

亦庵：法宝千塔（铁铸千塔藏经千卷）、如愿道场（药师佛坛）、传衣庵、写经寮（书《华严》等大乘诸经）。

约斋：泰定轩。

南湖：阆春堂（牡丹芍药）、烟波观、天镜亭（水心）、御风桥（十间）、鸥渚亭、把菊亭、泛月阙（水门）、星槎（船名）。

北园：群仙绘幅楼（前后十一间，下临丹桂五六十株，尽见江湖诸山）、桂隐（诸处总名今揭楼下）、清夏堂（面南临池）、玉照堂（梅花四百株）、苍寒堂（青松二百株）、艳香馆（杂春花二百株）、碧宇（修竹十亩）、水北书院（对山临溪）、界华精舍（梦中得名）、抚鹤亭（近松株）、

尚友轩、赏真亭（山水）。

亦庵：法宝千塔（铁铸千塔藏经千卷）、如愿道场（药师佛坛）、传衣庵、写经寮（书《华严》等大乘诸经）。

约斋：泰定轩。

南湖：阆春堂（牡丹芍药）、烟波观、天镜亭（水心）、御风桥（十间）、鸥渚亭、把菊亭、泛月阙（水门）、星槎（船名）。

北园：群仙绘幅楼（前后十一间，下临丹桂五六十株，尽见江湖诸山）、桂隐（诸处总名今揭楼下）、清夏堂（面南临池）、玉照堂（梅花四百株）、苍寒堂（青松二百株）、艳香馆（杂春花二百株）、碧宇（修竹十亩）、水北书院（对山临溪）、界华精舍（梦中得名）、抚鹤亭

芳草亭（临池）、味空亭（腊梅）、垂云石（高二丈广十四尺）、揽月桥、飞雪桥（在梅林中）、蕊珠洞（荼靡二十五株）、芙蓉池（红莲十亩，四面种芙蓉）、珍林（杂果小园）、涉趣门（总门入松径）、安乐泉（竹间井）、杏花庄（村酒店）、鹊泉（井名）。

众妙峰山：诗禅堂、黄宁洞天、景白轩（置香山画像并文集）、文光轩（临池）、绿昼轩（木樨临侧）、书叶轩（柿二十株）、俯巢轩（高桧旁）、无所要轩、长不昧轩、摘星轩、餐霞轩（樱桃三十余株）、读易轩、咏老轩（道德经）、凝薰堂、楚佩亭（兰）、宜雨亭（千味海棠二十株，夹流水）、满霜亭（橘五十余株）、听莺亭（柳边竹外）、千岁庵（仁皇飞

（近松株）、芳草亭（临池）、味空亭（蜡梅）、垂云石（高二丈、广十四尺）、揽月桥、飞雪桥（在梅林中）、蕊珠洞（荼靡二十五株）、芙蓉池（红莲十亩，四面种芙蓉）、珍林（杂果小园）、涉趣门（总门入松径）、安乐泉（竹间井）、杏花庄（村酒店）、鹊泉（井名）。

众妙峰山：诗禅堂、黄宁洞天、景白轩（置香山画像并文集）、文光轩（临池）、绿昼轩（木樨临侧）、书叶轩（柿二十株）、俯巢轩（高桧旁）、无所要轩、长不昧轩、摘星轩、餐霞轩（樱桃三十余株）、读易轩、咏老轩（《道德经》）、凝薰堂、楚佩亭（兰）、宜雨亭（千味海棠二十株，夹流水）、满霜亭（橘五十余株）、听莺亭（柳边竹外）、千岁庵（仁皇飞白字）、恬虚庵、凭晖亭、弄芝亭、都微别馆（诵《度

白字）、恬虚庵、凭晖亭、弄芝亭、都微别馆（诵度人经处，乃徽宗御书）、水湍桥、漪岚洞、施无畏洞（观音铜像）、澄霄台（面东）、登啸台、金竹岩、古雪岩、隐书岩（石函仙书，在岩穴中，可望不可取）、新岩、叠翠庭（茂林中容十许人坐）、钓矶、菖蒲涧（上有小石桥）、中池（养金鱼在山涧中）、珠旒瀑、藏丹谷、煎茶磴。

右各有诗在集中，此不繁录。

人经》处，乃徽宗御书）、水湍桥、漪岚洞、施无畏洞（观音铜像）、澄霄台（面东）、登啸台、金竹岩、古雪岩、隐书岩（石函仙书，在岩穴中，可望不可取）、新岩、叠翠庭（茂林中可容十许人坐）、钓矶、菖蒲涧（上有小石桥）、中池（养金鱼在山涧中）、珠旒瀑、藏丹谷、煎茶磴。

右录景点各有诗歌在集子中，这里就不再缀录了。

图书在版编目（CIP）数据

武林旧事 /（南宋）周密著；黄军凡绘 . -- 南昌：江西美术出版社，2022.1

（古人的繁华人间）

ISBN 978-7-5480-8149-4

Ⅰ . ①武… Ⅱ . ①周… ②黄… Ⅲ . ①笔记－中国－南宋－选集②中国历史－史料－南宋 Ⅳ . ① K245.066

中国版本图书馆 CIP 数据核字（2021）第 067345 号

出 品 人：周建森

责任编辑：姚屹雯

特约编辑：朱倩文

责任印制：谭 勋

书籍设计：韩 超 先鋒設計 PIONEER DESIGN

制作排版：黄 明

武林旧事

古人的繁华人间 WULIN JIU SHI GUREN DE FANHUA RENJIAN

［南宋］周 密／著 黄军凡／绘

出 版：江西美术出版社

地 址：南昌市子安路 66 号江美大厦

网 址：jxfinearts.com

电子邮箱：jxms163@163.com

电 话：0791-86566309

邮 编：330025

经 销：全国新华书店

印 刷：湖北金港彩印有限公司

版 次：2022 年 1 月第 1 版

印 次：2022 年 1 月第 1 次印刷

开 本：787 毫米 ×1092 毫米 1/32

印 张：8

书 号：ISBN 978-7-5480-8149-4

定 价：88.00 元